CB134035

OS DIREITOS SOCIAIS EM PROL DA EVOLUÇÃO DAS RELAÇÕES PRIVADAS

TALES MANOEL LIMA VIALÔGO

Porto de Idéias EDITORA

São Paulo, 2013

Os direitos sociais em prol da evolução das relações privadas
Tales Manoel Lima Vialôgo

Conselho Editorial
Barbara Heller
Carlota J. M. Cardozo dos Reis Boto
Célia Maria Benedicto Giglio
Daniel Revah
João Cardoso Palma Filho
Luiza Helena da Silva Christov

Editor
Sebastião Haroldo de Freitas Corrêa Porto

Coordenação Editorial
Silvana Pereira de Oliveira

Projeto Gráfico e Capa
Otávio Oliveira Silva

Dados Internacionais de Catalogação na Publicação (CIP)
(Câmara Brasileira do Livro, SP, Brasil)

Vialôgo, Tales Manoel Lima
Os direitos sociais em prol da evolução das relações privadas. -- 1. ed. -- São Paulo : Porto de Idéias, 2013.

Bibliografia.
ISBN 978-85-8061-056-7

1. Direito constitucional 2. Direito do trabalho 3. Direitos sociais 4. Relações de trabalho I. Título.

13-11149 CDU-342.7:331

Índices para catálogo sistemático:
1. Direitos sociais : Relações de trabalho : Direito constitucional do trabalho 342.7:331

Todos os direitos reservados à
EDITORA PORTO DE IDÉIAS LTDA.
Rua Perdões, 101 – Aclimação
São Paulo – SP – 01529.030
Fone (11) 3884-3814
www.portodeideias.com.br
twitter.com/portodeideias

À Deus, pelo dom da vida.
À minha esposa Carol, alguém tão fácil de amar,
que mudou minha vida!
Ao meu filho Lucas, por justificar minha vida.
Aos meus pais, por todas as razões.
Aos meus irmãos, por todo o carinho.

AGRADECIMENTOS

À Professora Eliana Franco Neme, pelo incentivo ao tema, pela paciência e ensinamentos dispensados.

SUMÁRIO

INTRODUÇÃO

A proposta deste ensaio jurídico e social é o estabelecimento, ainda que de forma singela, de novas ou melhoradas concepções acerca das relações humanas e dos direitos e garantias fundamentais, em especial no tocante à atuação do Estado diante da ausência de concretização útil.

Nos temas a serem abordados, não haverá o compromisso com o esgotamento das pesquisas e reflexões, até porque tal pretensão seria demagogicamente inatingível.

O objeto deste trabalho científico, rumo ao qual seguirão todos os diversos capítulos, é a evolução das relações privadas, cuja abordagem irá percorrer num cenário de tópicos que contribuirão para as formulações finais, envolvendo questões como a história do trabalho, o mercado de trabalho, a informação social do indivíduo (direito à educação social) e a revisão de direitos e valores sociais.

A justificativa da linha de pesquisa escolhida pauta-se na ideia de uma sociedade autônoma, que possua condições de utilizar efetivamente de seu poder de voz perante a administração pública. As críticas ou defesas que forem expostas nas próximas páginas, devem ser recebidas como uma provocação para um novo diálogo: o ser humano como indivíduo autossuficiente precisa ser resgatado.

A ideia pretendida aqui é a de buscar uma assimilação de qual é realmente o modelo de sociedade que o ser humano deve buscar.

Melhor dizendo, analisando primeiramente a história do trabalho e realizando-se uma reflexão em torno dos contextos de justiça social e eficácia horizontal de direitos fundamentais, o texto seguirá a uma etapa de problemática e confrontará questões como o capitalismo na sociedade, o protecionismo exacerbado e a necessidade de uma maior perturbação ao conhecimento humano.

A inspiração das reflexões que virão nos capítulos a seguir prende-se na única e mais coerente possível intenção de estudar o direito como ciência, inquietando o pensamento científico e buscando levantar novos questionamentos em relação à evolução das relações privadas.

A participação do Estado na sociedade também será abordada, visando aprimorar as ideias no tocante às ferramentas que o ente estatal possui, mas não utiliza adequadamente na sua função-dever de garantir ao ser humano o máximo possível de dignidade.

Afinal, a imprescindibilidade do Estado não pode superar a essência humana do indivíduo. E não há como o indivíduo exercitar sua condição humana, se não lhe for promovido saber social, liberdade e autossuficiência.

TRABALHO: HISTORICIDADE

Primeiras considerações

Para tentar entender a história do trabalho deve-se buscar o início da afirmação dos seres humanos como sociedade, o momento em que o indivíduo passa a inventar seus próprios meios para possibilitar o acesso à melhor qualidade de vida possível.

É bastante coerente dizer que o trabalho teve origem juntamente com a própria consciência humana, uma vez que, a partir do momento em que a civilização passa a existir, o trabalho é inerente à sua existência.

Na medida em que as relações humanas evoluem, o trabalho acompanha a mesma tendência. A história do trabalho é o retrato, é a consequência daquilo que a humanidade venha a chamar de sociedade.

Ao formar uma democracia, um Estado de Direito, inevitavelmente está buscando uma sociedade pautada na valorização do trabalho e das oportunidades de trabalho.

O trabalho deve ser visto como uma garantia que a pessoa conquista por sua iniciativa em fazer alguma coisa, visando aprimorar-se enquanto ser humano realizador e modificador do meio.

O cidadão, a fim de conquistar meios que garantam o melhor acesso possível à saúde, lazer, moradia e todas as demais necessidades humanas fundamentais, irá se dedicar ao trabalho para possuir uma posição financeira que lhe proporcione uma vida digna.

Mas além de ser algo tão fundamental para o desenvolvimento social e garantia de sobrevivência, o trabalho também proporciona lucro, enriquecimento, motivo pelo qual, durante um longo período, a humanidade sofreu graves abusos e explorações.

Atualmente, o direito do trabalho é visto como um ramo jurídico altamente protecionista, tanto academica quanto judicialmente. E por mais que se possa criticar esse sistema de proteção exacerbada, é preciso entender que para tudo há uma explicação. A tendência protecionista dos direitos sociais dos trabalhadores é fruto de um trauma que a história deixou na civilização.

A sociedade pré-industrial: escravidão, servidão e as corporações de ofício

Houve um tempo em que pessoas eram tratadas como *coisa*.

Na sociedade pré-industrial, os trabalhos que fossem fisicamente exaustivos e manuais eram considerados como indignos para aqueles que gozavam plenamente de suas liberdades. Assim, tais atividades braçais eram praticadas por pessoas que tinham sua dignidade roubada pelos costumes burgueses.

Eram diversas as formas pelas quais as pessoas se tornavam escravas. No iniciou valia a regra do mais forte. Em pequenas disputas – *apostas ou lutas corporais*, os perdedores, para que suas vidas e de suas famílias fossem poupadas, entregavam-se à escravidão, prestando trabalhos aos vencedores.

Em seguida, com o crescimento dos grupos de escravos, se notava a possibilidade e conveniência pela venda ou troca, vez que não eram necessários grupos tão numerosos para a satisfação das necessidades de seus donos, surgindo assim o comércio de pessoas escravas.

Nessa época, não havia a mínima ideia de proteção dos trabalhadores, uma vez que nem mesmo trabalho havia, mas sim, uma submissão de seres humanos a sacrifícios em troca de terem suas vidas poupadas.

Com o crescimento da produção escrava, os donos de escravos puderam aplicar-se no desenvolvimento de suas próprias propriedades, e, por consequência da evolução comercial do período, que acarretou no encarecimento da mão de obra escrava e não mais conveniência do mantenimento deste sistema, surgiu a figura do senhor feudal, o que não diferenciou muito a realidade dos submissos, mas, ao menos, criou-se o instituto da contraprestação, ainda que extremamente arcaico.

> O escravo não tinha, pela sua condição, direitos trabalhistas. Não diferiu muito a servidão, uma vez que, embora recebendo certa proteção militar e política prestada pelo senhor feudal dono das terras, os trabalhadores também não tinham uma condição livre. Eram obrigados a trabalhar nas terras pertencentes aos seus senhores. Camponeses presos às glebas que cultivavam, pesava-lhes a obrigação de entregar parte da produção rural como preço pela fixação na terra e pela defesa que recebiam. (NASCIMENTO, 2000, p. 37)

Neste período de servidão surgiram as primeiras ideias de dignidade ou ao menos de limites ao abuso, uma vez que determinadas praticas de senhores feudais contra seus servos eram vistas pelos demais como conduta de *maus costumes*.

Mas foi na Idade Média, com a formação das corporações de ofício, que os trabalhadores vivenciaram um considerável progresso na dignidade laboral.

Os tempos de servidão caíram em ruínas devido aos abusos de poder praticados pela grande maioria dos senhores feudais, vez que, não mais estando em condição de escravos, os trabalhadores deixaram a vida no campo e migraram para as oportunidades da vida urbana.

Com esse deslocamento, os trabalhadores se organizaram em associações, cada qual relativa a uma determinada profissão. Era uma fórmula bastante semelhante às entidades sindicais.

Naquela época, por se tratarem de *fugitivos* da servidão, naturalmente que as profissões se restringiam a trabalhos manuais, artesãos de todas as espécies, como carpinteiros, alfaiates, padeiros, sapateiros, dentre outros.

As associações serviam para defender os interesses trabalhistas dos artesãos e eram mantidas por taxas compulsórias recolhidas pelos próprios trabalhadores que exercessem o mesmo ofício.

Outra vertente que merece destaque é a organização trazida pelas corporações de ofício. As áreas de atuação eram devidamente limitadas, ou seja, o artesão de uma oficina de consertos não possuía autorização para criar peças novas e vice-versa. Havia também rígidos códigos disciplinares que previam diversas regras para serem observadas nas relações de trabalho, que eram formadas por três figuras: o mestre, o companheiro (ou jornaleiro) e os aprendizes.

Os mestres eram os proprietários dos meios de produção e sempre possuíam vasta experiência no ramo que atuavam.

Os companheiros, também conhecidos como jornaleiros, eram pessoas que possuíam experiência no ramo e recebiam salários do mestre para exercerem seu ofício.

Já o aprendiz, normalmente tratava-se de um jovem pretendendo iniciar-se na carreira artesã e se subordinava ao mestre, na condição de aprender o trabalho, sem recebimento de salários.

São nítidas as figuras do mestre como o empresário e dos companheiros como empregados, formando-se o que atualmente se denomina relação de emprego. Em razão da organização das corporações de ofício, os trabalhadores passaram a contar com salários, associações defensoras de direitos e possibilidades de uma carreira.

A crise das corporações de ofício ocorreu com a forma pela qual a sociedade aplicou o sistema capitalista no mercado de trabalho.

Não havia uma limitação no tempo em que um aprendiz permaneceria nessa condição, podendo o período de aprendizado estender-se de um a dez anos ou mais. Além disso, tornava-se cada vez mais dificultoso aos jornaleiros alcançarem a condição de mestre. Havia uma prova, à qual o jornaleiro era submetido para tornar-se mestre, e tal avaliação tornou-se extremamente rigorosa, e a taxa em dinheiro que era paga ao chegar-se à posição de mestre foi elevada, o que desencorajou a grande maioria dos companheiros.

Além disso, os membros mais ricos possuíam um verdadeiro domínio sobre as corporações, e as chances de promoção à condição de mestre, acabavam reduzidas aos seus familiares.

Essa situação foi se alastrando, mas, com o tempo, uma crise inevitável atingiu a economia, devido à arbitrária concentração de oportunidades e de riquezas, o que gerou diversos conflitos e disputas.

As corporaçoes de ofício foram abolidas com a ocorrência de uma das maiores revoluções da história da humanidade, ocorrida na França, entre maio de 1789 e novembro de 1799.

A sociedade industrial: as revoluções

A Revolução Francesa

Governada em regime absolutista, no qual o rei controlava a econômica, a política, a justiça e as opções religiosas de seus súditos, a França do final do século XVIII apresentava um cenário de extrema injustiça social.

Gozando de inúmeros privilégios, a nobreza e o clero nem ao menos tomavam conhecimento das condições precárias as quais viviam os camponeses, os trabalhadores e a burguesia comercial, que juntos formavam o chamado Terceiro Estado, sobre o qual recaía toda a carga tributária.

Todos os impostos que eram recolhidos possuíam uma única destinação: o mantenimento dos luxos da nobreza.

Não havia democracia, os trabalhadores não possuíam direito de voto nem opiniões políticas, sendo que os opositores ou eram presos na Bastilha, nome dado à prisão política da monarquia, ou seriam condenados à morte.

A hierarquização da sociedade francesa fazia jus a uma estratégia de conveniência. Iniciava-se pelo clero, que gozava de isenção tributária, seguindo pela nobreza, formada pelo rei, sua família e outros nobres que viviam de abundâncias, desnecessários banquetes e muito luxo na corte do poder.

Por último vinha o Terceiro Estado, com desempregados e camponeses sobrevivendo à miséria, e trabalhadores e a burguesia sustentando a sociedade com seu trabalho e pagamentos dos impostos.

O número de desempregados aumentava cada vez mais, os trabalhadores desejavam melhores condições de vida e a burguesia pretendia uma posição social mais justa e garantia de participação política.

Tal situação caótica levou o povo a uma revolução.

Com o *lema liberdade, igualdade e fraternidade*, anseios do Terceiro Estado, o povo vai às ruas e inicia uma revolução com o certo objetivo de derrubar o governo da monarquia absolutista mantida pelo rei Luís XVI.

Em 14 de julho de 1789, os revolucionários atingem o primeiro alvo ao provocarem a queda da Bastilha, uma vez que a prisão política era considerada um símbolo para a monarquia francesa.

Com o sistema fragilizado, forma-se, em agosto de 1789, uma Assembleia Constituinte que promove a abolição da servidão e o cancelamento dos direitos feudais, além de promulgar a Declaração dos Direitos do Homem e do Cidadão, trazendo à humanidade significativos avanços sociais, como direitos humanos e participação política.

Durante a revolução, parte considerável da nobreza abandonou a França, mas a família real foi capturada durante uma tentativa de fuga.

O rei Luís XVI e sua esposa, Maria Antonieta, foram mortos na guilhotina em 1793. O clero também sofreu graves penas, como o confisco dos bens da Igreja e a queda de seus líderes.

É possível dizer, então, que a revolução francesa foi provocada pelo ímpeto de justiça do ser humano. Houve um momento em que a sociedade se cansou do sistema absolutista e de seus abusos, e consumou a ordem social por meio da força da vontade do povo.

Mas o que era de se prever aconteceu, e o sistema voltou a ser abusivo com a tomada do poder pela burguesia.

Em 1795, com a aprovação de uma nova Constituição, o general Napoleão Bonaparte é colocado no poder, garantindo o domínio social da burguesia e estabelecendo as bases de uma sociedade capitalista.

A ideia de que *todos são iguais perante a lei* passou a valer como preceito absoluto da revolução, motivo pelo qual surge a fase do liberalismo, na qual o Estado não poderá intervir nas relações contratuais, adotando-se a autonomia da vontade como valor intocável pelo governo.

Tais circunstâncias levaram a um modelo que possibilitou, novamente, a exploração dos trabalhadores, especialmente considerando a exclusão do controle Estatal nas relações privadas.

Vale relevar qualquer crítica que se possa fazer ao modelo elaborado pela burguesia na Revolução Francesa, uma vez que o sistema liberal adotado é fruto do trauma trazido pela exploração que vivia o povo.

O Estado ao submeter o povo aos caprichos do clero e da nobreza havia governado de maneira tão opressora que passa a ser plenamente compreensível que o sistema revolucionário visaria a liberdade extrema, a ausência total da participação do governo nas relações privadas.

Assim, certamente que a revolução francesa trouxe um sistema falho no tocante às garantias fundamentais do trabalhador, mas não há como deixar de considerar um marco histórico na afirmação de direitos sociais, haja vista que o liberalismo acarretou na consagração de princípios e liberdades sociais.

A Revolução Industrial

A Revolução Industrial, iniciada na Inglaterra, foi a transformação trazida pelo desenvolvimento tecnológico ao mercado, o que acarretou uma migração de trabalhadores do campo para os centros urbanos em busca de melhores oportunidades.

O aparecimento de novas tecnologias, como a máquina à vapor, trouxeram uma mudança drástica na economia, e os trabalhadores que vieram em busca de uma vida mais digna defrontaram-se com uma realidade bastante traiçoeira.

O movimento revolucionário das indústrias trouxe redução de postos de trabalho, uma vez que, embora as novas tecnologias que surgiam representavam aumento da produtividade, já não eram mais necessários tantos trabalhadores como mão de obra.

Além disso, os camponeses que vieram em busca de trabalho foram surpreendidos por condições laborais desumanas. Em ambientes insalubres, com jornadas de trabalho excessivas, ritmo frenético de máquinas e fábricas sem luminosidade e ventilação, os trabalhadores descobrem um novo e selvagem mercado de trabalho.

A ausência de interferência do Estado era latente, e visando reduzir ainda mais os custos com o quadro de empregados, os empresários passaram a empregar mulheres e menores de idade, podendo, assim, pagar salários mais baixos e submetendo crianças às mesmas condições precárias e trabalho a que submetiam todos os demais trabalhadores, sem qualquer distinção.

A máquina a vapor, que havia surgido como uma possibilidade de aumento na produção e nos lucros, cede lugar a uma tecnologia ainda mais inovadora: as máquinas movidas por outras fontes de energia que não o vapor, como a eletricidade e o petróleo, por exemplo.

Enquanto o trabalhador se vê submetido a um cotidiano de uma atividade repetitiva diariamente, apenas operando máquinas de produção em massa, o empresário irá apenas preocupar-se em gerir o negócio e administrar os lucros da produção.

> Por outro lado, os artesãos e os manufatureiros que elaboravam os bens de comércio viram a redução dos seus campos de trabalho. Sem alternativa, pois privados dos meios de produção próprios, foram obrigados a se juntar aos demais para vender a única coisa que ainda possuíam para sobreviver: sua força de trabalho. Tornaram-se, assim, operários assalariados. É o surgimento do proletariado, traduzindo-se naqueles que, mediante remuneração, são obrigados a vender a terceiros sua força de trabalho para subsistência.
> [...]

> Esse quadro acaba por acarretar o protesto e a ira dos trabalhadores que, em atitude de desespero, reúnem-se para destruir as máquinas, provocando sabotagens e boicotes. Isso porque, em face da grande oferta de mão de obra ociosa, constata-se o incremento da prática de abusos pelos patrões, que se torna uma constante e obriga os operários a trabalharem em jornadas cada vez maiores, recebendo salários cada vez menores, em total afronta à dignidade do trabalhador. (FREITAS, 2003, p. 19)

Com a diminuição dos postos de trabalho industriais, ocorre o deslocamento de milhares de trabalhadores para os setores de prestação de serviços, o qual sofreu um crescimento considerável naquele período.

Mas a transferência de tantos trabalhadores aos setores da atividade autônoma, não foi suficiente para resolver os problemas da demanda de emprego, especialmente no tocante à qualificação profissional, uma vez que os trabalhadores haviam sido alienados perante o novo modo tecnológico e mecânico de produção, no qual a máquina passa a ser o principal e o trabalhador apenas o acessório, plenamente substituível por qualquer outro.

Por fim, os trabalhadores que antes eram explorados pelo Estado, ao vencerem a submissão aos caprichos do absolutismo e conquistarem sua liberdade, passaram a serem explorados pelos próprios empresários, que outrora haviam sido seus aliados na Revolução Francesa.

É o impacto humano sobre distintos momentos sociais.

Não havia dignidade humana aos trabalhadores. Os empregadores, novamente, atribuíam aos seus empregados um tratamento de *coisa*, de objetos de produção.

A ordem sindical

É da tendência da sociedade, após passar por um determinado período sofrendo abusos e exclusões sociais, um sentimento de revolta que a leva à realização de revoluções reivindicatórias.

Travado o conflito entre capital e trabalho, agravado pela conduta empresarial de exclusão da mão de obra humana, os trabalhadores, já calejados pelo sofrimento trazido pela economia de mercado, sentiram-se novamente obrigados a organizarem grupos que pudessem adquirir força negocial.

> A ausência de regulamentação das leis de proteção dos trabalhadores, somada ao aumento de concentração da massa de trabalhadores nos centros urbanos, fez surgir o sentimento de solidariedade e espírito de união entre os mesmos, que passam a se organizar em sindicatos primitivos. É o nascimento do movimento sindical.
> [...]
> Dá-se a criação das organizações operárias e ocorrem os primeiros movimentos paredistas como forma de pressão e coesão que, contudo, eram vedados pelo Estado, que, inclusive, já havia proibido a formação de corporações. Em face disso, os operários são obrigados a se reunirem em entidades secretas e de forma clandestina.
> Todavia, posteriormente, o direito de organização passou a ser tolerado pelo Estado de forma gradativa, tendo a Inglaterra, em 1871, reconhecido oficialmente os sindicatos, com a "Lei dos Sindicatos", o que permitiu as conquistas obtidas pelos operários, mormente as primeiras leis de proteção ao trabalho. (FREITAS, 2003, p. 25)

Com a ordem sindical, os trabalhadores passaram a contar com uma força autônoma de reivindicações de direitos, dando-se cunho fundamental à livre negociação entre os representantes sindicais dos trabalhadores e os empresários.

Para que a atuação das entidades sindicais se fizesse efetiva diante da necessidade de concretude de direitos sociais, um amplo campo de representatividade foi conferido aos sindicatos.

Diante da tarefa de proteger a classe de trabalhadores à qual venha a pertencer, o sindicato passa a ser sujeito de diversas relações jurídicas, alterando de forma acentuada o cenário das relações humanas, e não apenas no tocante ao âmbito trabalhista.

Um sindicato é sujeito participativo, por exemplo, em relações coletivas, quando atua na proteção dos direitos homogêneos da classe defendida; em relações administrativas, de forma interna quando resolve questões estatutárias, ou de forma externa quando atua juntamente à Administração Pública, em parcerias como o Governo. Em regra, há um relacionamento extremamente democrático e harmônico entre o Estado e os sindicatos.

Além dessas situações, diversas são as formas de atuação de uma entidade de classe em prol dos trabalhadores por ela defendidos.

O surgimento do movimento sindicalista acarretou em uma das mais significativas, senão a mais significativa, mudança no mercado de trabalho: empregados e empregadores passaram a discutir e negociar regras de trabalho.

Jesus Garcia Ortega, Juan M. Ramirez Martinez e Tomas Sala Franco apresentam um conceito de sindicato em sentido estrito, o sindicato como associação:

> El sindicato, en sentido estricto, o sindicato como asociación. Se trata de organizaciones formalizadas – es decir, reguladas al menos por sus propios estatutos (objetivos, condiciones de afiliación, derechos y deberes de los socios, órganos, forma de elección de los mismos, etc...) y normalmente también por leyes estatales y/o normas convencionales, que regulan sobre todo su eventual registro y su

> actividad externa –, con una cierta vocación de estabilidad o permanencia, y que representan – en principio – a quienes voluntariamente se afilian a ellas.
> Sus funciones características son la negociación de convenios colectivos y la declaración y gestión de las huelgas.
> Se organizan a nivel territorial (local o provincial, primero; posteriormente surgen organizaciones nacionales o internacionales). (ORTEGA, 1994, p. 90)

Com a formulação dos sindicatos, a autonomia de vontades, a figura do indivíduo capaz, a sociedade autossuficiente passa a ter um significado maior, e uma nova e melhorada relação jurídica passa a viger no cotidiano dos trabalhadores.

Mais uma vez, a manifestação de vontade do povo historicamente buscou a eficiência dos direitos fundamentais, e as organizações operárias surgem com a esperança de tornarem-se um divisor de águas na exploração de mão de obra assalariada.

Justiça social

A ideia de justiça social engloba a figura de um Estado que possibilite os direitos sociais percorrendo a população de baixo para cima, do mais simples cidadão à mais alta esfera da sociedade.

Historicamente a Igreja Católica contribuiu de forma imprescindível com a evolução da concepção de justiça social na sociedade, publicando diversos trabalhos em defesa da proteção social.

> Dentre as fontes do pensamento que mais amplamente defenderam a ideia de justiça social está a doutrina social da Igreja Católica, através dos seus documentos denominados *Encíclicas*, como a *Rerum Novarum* (1981), que iniciou uma linha desenvolvida até os nossos dias com a *Laborem Exercens* (1981). (NASCIMENTO, 2000, p. 39)

Era a busca da Igreja pelos justos direitos do ser humano, por uma afirmação maior dos trabalhadores na realidade social, comprometendo-se com a formação de ações inclusivas dos operários, como a defesa de melhores salários, revisão do composto *trabalho x capital*, dentre outras.

A proposta do catolicismo viria na vertente de que Deus pretende que os seres humanos vivam em fraternidade e solidariedade, motivo pelo qual a justiça social deve prevalecer na ordem jurídica e econômica.

Além disso, considerando a massa assalariada que constituía grande parte da população, certamente que a Igreja pretendia, também, uma maior popularidade dentre os trabalhadores, o que acarretaria um aumento no contingente de católicos e na arrecadação de contribuições e dízimos.

Mas seja como for, a Igreja Católica exerceu papel essencial na revolução dos direitos sociais, utilizando-se de sua força de convencimento perante o povo, para trazer uma doutrina de proteção fundamental e realização de justiça social, pela necessidade de garantia de uma condição mais favorável aos trabalhadores, sob pena de a civilização gerar uma realidade alienada de qualquer senso de dignidade humana.

A tendência trazida pela igreja afetou a todas as vertentes do poder. O Estado passa a ser pressionado para atuar, e justamente na concepção de justiça social - que traduz na necessidade de se promover um meio social fraterno e coerente, os serviços sociais iniciam o desempenho de um papel imprescindível para as garantias humanas essenciais.

É por meio dos chamados serviços sociais que o Estado irá socorrer as carências da sociedade, visando a garantia da existência de um ciclo cotidiano de relações humanas, sempre disciplinado e protegido pela justiça social.

Mais propriamente analisando os fundamentos do bem-estar social, como sinônimo ao contexto de justiça social, Carmen

Aleman Bracho e Mercedes Garcia Serrano aprimoram uma ideia de planificação das ações e serviços sociais.

Tal construção doutrinária demonstra um método comum, porém eficaz, para que o Estado atue de forma efetiva na concretização de direitos e resolução dos problemas sociais.

Por meio da realização de etapas de estudos sobre os principais e mais críticos cenários sociais, é possível se estabelecer um planejamento de como extinguir, ou ao menos diminuir, determinados atritos sociais.

> En todo caso la planificación dentro de los servicios sociales, implica la concreción de unas metas cada vez más específicas, en las que se pasa desde una planificación a largo plazo ligada a las líneas directrices de la política social vigente, a diseños cada vez más concretos y operativos.
> Así, una vez que establecemos un diagnóstico de aquellas necesidades que será preciso abordar en el futuro, se desarrollarán escenarios de ofertas de Servicios Sociales destinados a los ciudadanos en estado de necesidad, lo cual permitirá realizar proyecciones acerca de la expansión de los servicios sociales, los equipamientos requeridos, los servicios necesarios, etc. (BRACHO, 1999, p. 348)

Seja em médio ou longo prazo, é possível que a sociedade estabeleça uma conduta proativa em busca de um melhor convívio social. É preciso que, visando a garantia de justiça social, a investigação do ente público para adotar medidas afirmativas de direitos nos cenários mais carentes implique na preferência do planejamento e aplicação de saber social em detrimento das atuações imediatas de resultados ilusórios e alívios momentâneos e individuais.

Melhor dizendo, a ajuda que a sociedade espera não é uma atuação de resultado imediato. A população necessita de uma planificação para os serviços sociais, pela qual a sociedade receberá uma prestação de serviços garantidores da dignidade e inibidores de abusos e distinções humanas.

Em tempo, não se pode recepcionar as expressões "justiça social" e "serviços sociais" como um protecionismo, mas sim de modo a desenvolver um novo pensamento, uma renovada visão sobre a sociedade.

O indivíduo não precisa de um Estado-pai. O cidadão necessita de um governo que lhe receba como sujeito participativo da administração, ou seja, a pessoa é titular do direito ao saber social. Fazer justiça social é dizer ao indivíduo o que lhe é garantido pelo Direito, porque existe essa garantia e como pode ser exercida.

A proteção justificada

Pelo que se viu até então, o protecionismo do direito sobre o trabalhador encontra sua justificação na história de miséria, exploração e abusos sofridos pela classe operária.

Como já se afirmou anteriormente, a tendência de proteção extrema sobre a massa assalariada é fruto de um trauma ocasionado pela história de barbáries praticadas pelos empregadores nas relações de trabalho.

Por mais que se tente encontrar a culpa pelo modelo de justiça social atual em sistemas econômicos, políticos ou jurídicos, a resposta mais sensata e inconteste é que o protecionismo é consequência do impacto humano nas diversas formulações de Estado que a civilização já viveu.

Os seres humanos, ao invés de se adaptarem ao meio ambiente em que nascem, preferem proporcionar o inverso, que o meio ambiente se modele de acordo com as vontades humanas, independentemente de sua consequência. Assim também ocorre com os modelos políticos, econômicos e jurídicos, que por mais que possam trazer em seu bojo uma proposta de justiça social, o impacto humano sobre o sistema tende a viciá-lo com a tirania dos mais poderosos e o desfavorecimento dos trabalhadores.

Contudo, embora a atitude antipatronal do Direito do Trabalho, ou dos direitos sociais de modo geral, se trate de uma proteção justificada historicamente, tem-se que as relações privadas não mais podem ser vistas como há décadas atrás.

Deve-se frisar que o Direito Trabalhista não é um ramo de proteção exclusiva de assalariados. A grande finalidade da ciência jurídica, no âmbito das relações sociais privadas, é a paridade entre o capital e o trabalho, nada mais.

Afinal, o que se deve esperar dos direitos sociais nos dias atuais? Se a carga exacerbada de tratamento dos assalariados como hipossuficientes ainda não trouxe o resultado esperado, por que então continuar com o modelo atual? Não seria mais coerente que o Estado passasse a participar o indivíduo nas decisões sobre sua própria vida privada?

Se visto de maneira ainda mais crítica, os direitos sociais, aplicados de forma tão absoluta acabam por aparentar uma disciplina de direitos e garantias quando, na verdade, estariam restringindo a autonomia privada (coletiva ou individual) e resfriando as iniciativas. Pode ser até que o Estado vise justamente evitar as iniciativas, pois teme pelas consequentes reivindicações.

Essa é a mudança que o Estado deixa de buscar. A sociedade necessita de um governo que pretenda a valorização do conhecimento humano, da autonomia potencial do indivíduo, para que o mesmo possa entender do que precisa e cobrar daquele que lhe deve garantir o que precisa. Mas tais circunstâncias somente seriam possíveis se os mecanismos de informação e discernimento social fossem dotados de seriedade, o que não ocorre.

Um exemplo histórico de impacto humano negativo é o sistema capitalista, que foi aplicado na sociedade como uma via selvagem de exclusão dos menos favorecidos, quando, em sua essência, o capitalismo é tão somente um sistema econômico baseado na captação e circulação de capital, e quem o fez ferramenta de exclusão foi o próprio Estado e não o sistema em si.

ABORDAGEM SOCIOLÓGICA

Desigual sociedade capitalista x Estado democrático de direito

Uma das maiores referências científicas na crítica do sistema capitalista, a escola marxista, ao criticar o modelo econômico em que a sociedade vive, não está apresentando exatamente uma aversão ao capitalismo propriamente dito, mas sim à forma como a humanidade recepcionou o sistema, que apenas se tornou selvagem devido ao modo como foi incorporado na ordem social.

A economia de mercado adotada trouxe aumento de concorrência, e a ganância humana – que não estava preparada para um sistema baseado no capital, injetou na sociedade a ideia de que quanto maior o acúmulo de capitais, maior será a expectativa e qualidade de vida. É originada, então, uma alienação diante da dignidade da pessoa humana, elevando consideravelmente os índices de violência e miséria no mundo. É o impacto humano no capitalismo, e não do capitalismo na humanidade.

Assim, não se deve criticar o sistema capitalista em si, mas sim a forma pela qual a sociedade o recepcionou, o modo como o modelo de economia de mercado foi tragado pela ganância e "sede de poder", elevando consideravelmente os índices de violência e miséria no mundo. É esse o retrato do impacto humano no capitalismo.

Considerando que o capitalismo traduz um sistema que envolve a circulação e o acúmulo de capital, claramente favorece o desenvolvimento das relações sociais humanas, uma vez que se fala em um modelo concentrado na troca de riquezas.

O que acarretou a repudia para a sociologia foi a forma como o ser humano desvirtuou o modelo econômico, utilizando-o como forma de acúmulo abusivo e individual de riqueza, motivo pelo qual o mundo apresenta o atual cenário de distribuição irregular de renda.

Na medida em que o trabalhador produz mais riqueza, ainda mais pobre ele se torna; e na medida em que cria mercadorias, e essas são valorizadas, o trabalhador ainda mais se desvaloriza, pois seu trabalho, com o desenvolvimento das formas de produção, vai se tornando ultrapassado e descartável pelas tendências humanas capitalistas.

Marx considera que a mercadoria possui uma marcante característica de ser misteriosa, justamente por encobrir os traços sociais identificadores do trabalho humano, visto que se trata de um produto material, já pronto, que oculta aos olhos de quem o vê, todo o trabalho de produção realizado para a sua criação e, ainda, a mercadoria apresenta-se de forma a deixar invisível a realidade social de quem a produziu.

> A divisão social de classes condiciona também a divisão social do trabalho, definindo situações em que se torna imperiosa a obrigação de produzir sem a contrapartida direta do consumo imediato: não consumimos o produto de nosso trabalho imediatamente, não só porque não podemos, mas também porque não devemos.
> Os homens passam a se instrumentalizar na medida em que eles trabalham, realizam um esforço sobre o mundo, transformam o mundo, mas quando eles criam os produtos ou as mercadorias, imediatamente eles não os têm. Não devem e também não podem consumi-los imediatamente ou mesmo mediatamente. Na verdade, o que eles fazem serve para acumular, acumular significa não consumir imediatamente, quer dizer, não gozar imediatamente, ou seja, não ter prazer imediato do consumo. O dever vem antes do prazer. (ALVES, 2005, p. 62)

A produção e o trabalho são deveres dos trabalhadores, e o prazer de desfrutar a mercadoria que produzem, na imensa e esmagadora maioria dos casos, é inalcançável, pois o seu trabalho não é tão bem valorado como o produto que ele produz, sendo extremamente desvalorizado diante da mercadoria que produziu. Na economia de mercado capitalista, o trabalhador não vale nem mesmo aquilo que produz. O trabalhador vale menos, e a mercadoria vale mais.

Os trabalhadores que constroem casas não podem comprar casas, os que produzem os automóveis não podem comprá-los e passam a ter de lidar com o abismo existente entre os desejos e as possibilidades.

O produto do trabalho será consumido por outros, que em nada participaram para a criação e produção do produto, mas que também realizaram um trabalho sem consumo imediato em seus respectivos empregos, ou por outros que em nada estavam trabalhando ou produzindo.

É preciso que se busque um modelo centrado na ideia de equidade entre as oportunidades e a procura. Um mercado democrático é aquele que se mantém aberto para qualquer classe social, proporcionando para todos da população uma paridade de possibilidades. Tais circunstâncias provocam o desenvolvimento nacional, uma vez que garantem a todos o alcance das condições mais favoráveis.

> Tem-se de desejar que a produção, o emprego, e o consumo cresçam. Nas sociedades do tipo de hoje não marcham juntos produção, emprego e consumo. Mais cresce a produtividade do trabalho do que crescem os meios de produção; mais crescem a produtividade e o capital acumulado do que o consumo. Não se inverte capital tão rapidamente quanto seria de mister para se evitar o desemprego; nem se levanta rapidamente o nível de via das populações a fim de se aumentar o consumo.

> A asseguração dos novos direitos do homem resolve o problema do maior consumo. Obriga a maior educação, a maior saúde, a mais eficaz e eficiente alimentação, a maior felicidade: obriga à responsabilidade. Obriga a progredi. (MIRANDA, 1979, p. 588)

Aprimorando ainda mais o alcance crítico, cabe conduzir a presente abordagem para o momento pós-globalização, no qual é possível constatar que o desenvolvimento tecnológico possui uma agressiva tendência a diminuir cada vez mais a importância do trabalho humano na economia de mercado. E isto se dá não por uma consequência automática do desenvolvimento, mas sim devido ao pensamento capitalista de exclusão social movido tão somente pelo desejo humano de poder.

Em decorrência disso, os trabalhadores que ainda conseguem manter-se no mercado de trabalho, veem-se obrigados pelo sistema a se venderem por preços miseráveis, recebendo remunerações que desatendem ao essencial à subsistência.

> Mas, parece que o sistema está entrando numa fase histórica em que o trabalho está sendo objetivado mais para ser excluído do processo produtivo que para ter seus custos meramente diminuídos. A ideia de exclusão, agora, significa acabar com os salários. É o resultado da competitividade e da acumulação de capital. Certamente, os empresários abominam tal hipótese, mas são obrigados sistemicamente a admiti-la. O objetivo estrutural não é a diminuição dos custos de mão de obra, mas a sua total eliminação. (ALVES, 2005, p. 68)

Diante da exclusão do trabalhador assalariado, em detrimento da evolução tecnológica dos meios de produção, poder-se-ia congelar essa evolução em prol do mantenimento do ser humano em seu trabalho ou, melhor dizendo, do mantenimento da importância de seu trabalho e, assim, da valorização de seu trabalho? O preço dessa paralisação tecnológica seria a valorização do ser humano ou uma solução barata para um problema que poderia ser melhor adequado a sociedade se tratado por pessoas mais coerentes?

A evolução tecnológica está trazendo melhoras somente para os iniciados na ciência e aos empresários? Ou para os assalariados a evolução traz mais benefícios do que dificuldades, dadas as novas oportunidades trazidas?

O período de extrema injustiça em que vive a sociedade, cercado por contradições, condutas irracionais, violência aos direitos humanos, não cessaria com um eventual declínio do sistema capitalista. Por mais que se admita a possibilidade de sua queda, pois se trata apenas de um modelo econômico, o binômio "capital versus trabalho" apenas entrará em harmonia quando o comportamento da humanidade assim o pretender.

Acreditar que o sistema capitalista ainda terá seu fim, e um novo e mais justo modelo econômico se instalará no mundo, não deixa de ser uma ideia tendente a aliviar o ímpeto daqueles que buscam a igualdade de tratamento entre os seres humanos, porém, não parece razoável apenas aguardar o perecimento do capitalismo para se buscar alguma inclusão social. Até porque o andamento da economia mundial leva a crer que o "dia do juízo final" para o capitalismo ainda está muito distante.

Em uma sociedade formada por uma Constituição que prega o Estado Democrático de Direito, muito se estranha o comportamento amistoso e conformista da população diante do atual cenário da economia capitalista no Brasil. As principais garantias da Constituição Federal de 1988 são rechaçadas pelo modelo econômico atual, que pratica flagrante exclusão social dos trabalhadores em face do desenvolvimento tecnológico e da acumulação de capitais pelos detentores do poder econômico.

A ausência de sentimento constitucional é latente e faz com que os direitos e garantias fundamentais dos trabalhadores se fragilizem diante da tirania capitalista.

Apesar das melhorias nas formas de produção e dos avanços tecnológicos, a precariedade das condições de vida dos trabalhadores e o desemprego caminham em direção contrária, abalando as estruturas de um Estado Democrático de Direito almejada no texto constitucional.

O marxismo sempre tratou de capital e trabalho como dois elementos conflituosos na economia capitalista. Justamente por isso é que a escola marxista irá defender a intervenção do Estado nas relações de trabalho.

A tendência do direito do trabalho em tratar o trabalhador como hipossuficiente e defendê-lo em face dos empregadores, detentores de maior poder econômico, certamente possui extrema influência da escola marxista.

A filosofia política de Marx apresenta extremo rigor ao tratar das formas de produção, das mercadorias e do acúmulo de capital, e sempre primou pela defesa máxima do trabalhador, motivo pelo qual apresenta severas críticas ao sistema capitalista.

Uma das críticas que se faz atinge à evolução tecnológica, mas não diretamente. A forma como a sociedade reagiu a ela é que será criticada.

Até porque uma evolução, uma melhoria na qualidade de algo jamais poderá ser alvo de restrições ou críticas. O que merece ser revisto é como a economia deve ser conduzida diante do desenvolvimento tecnológico.

Ora, são os próprios progressos tecnológicos, como, por exemplo, o das formas de produção que originaram as condições, a situação crítica necessária para uma releitura do mercado de trabalho, para uma nova composição dos interesses capitalistas com as reivindicações dos trabalhadores.

A consagração dos direitos sociais fundamentais pela Constituição Federal de 1988 claramente demonstra a ocorrência de um comprometimento do legislador constituinte com os efeitos negativos do capitalismo sobre a massa assalariada.

Fazia-se necessário um ajuste de interesses, um fortalecimento na proteção dos trabalhadores mediante o acelerado e poderoso desenvolvimento do capitalismo industrial, motivo pelo qual o legislador passou a preocupar-se em harmonizar o binômio trabalho x capital.

O desajuste social que hoje é vivenciado pela sociedade, não foi causado pelo capitalismo. Os graves problemas surgiram do desequilíbrio gerado pelas desigualdades e declínios sociais.

Uma adequada organização social do capitalismo certamente acarretaria a formação de uma sociedade livre, justa e solidária, atendendo a um dos mais basilares fundamentos da República Federativa do Brasil. Afinal, o capitalismo nada mais é do que um modelo que visualiza a uma vida social concentrada na circulação de capitais e não no acúmulo de riquezas por uns em detrimento dos outros.

Contudo, as necessidades humanas não podem esperar até que a livre iniciativa e a valorização social do trabalho estejam devidamente equilibradas. A miséria não permite que tal reformulação continue a se prolongar no tempo. Não há mais tempo. O capitalismo é selvagem e, se incorporado na sociedade de forma indevida, pode causar danos irremediáveis, como já os tem causado.

Mas o capitalismo não precisa ser selvagem. Pessoas não são miseráveis devido ao capitalismo. A miséria é uma consequência do egoísmo e da falta de sentimento constitucional da humanidade, não sendo coerente se atribuir a violência e a miséria como consequências de um sistema econômico.

Não é o capitalismo que necessita de ser banido da sociedade. É o sentimento humano que precisa mudar.

O lucro pode ser objeto de concórdia, de paz, desde que esteja no alcance de todos e não de uma minoria favorecida. O capitalismo bem aplicado é aquele praticado em concentração com boas e justas relações e razões sociais.

A ideia de que o capitalismo impede a formação de um Estado democrático de direitos deve ser banida da ordem social. O capitalismo pode justamente ser o vetor principal da consagração do princípio da igualdade e da busca do bem-estar social, desde que devidamente integrado à sociedade.

Intervenção do Estado para o mantenimento do bem-estar social

Estado liberal e Estado social

Por mais que seja possível imaginar a humanidade atingindo a um nível intenso de progresso, muito dificilmente a sociedade se desprenderá da necessidade de existir o Estado como o ente protetor das garantias mínimas para a vida.

Historicamente, dois modelos de Estado dividem os mais contrastantes momentos da evolução social, a saber, o Estado liberal e o Estado social.

O Estado liberal, surgido da luta entre a liberdade e o absolutismo do monarca, conflito este decidido pela Revolução Francesa, possui como marca principal o surgimento da divisão dos poderes, visando decompor a soberania e garantir efetividade às liberdades humanas perante o Estado. Além disso, outra marca relevante, inclusive para a evolução dos direitos fundamentais, foi a promulgação da Constituição dos Estados Unidos da América em 1787.

Evidencia-se, nessa época, uma evolução da ideia de direitos fundamentais, uma vez que, se passa a coibir as pressões sociais, fruto dos vícios do absolutismo, fazendo-se sobressair as liberdades humanas.

Caracterizado pela previsão constitucional de direitos individuais, o Estado liberal está muito distante de ser considerado como um modelo teórico.

Fruto de revoluções e reivindicações históricas, lutas por maior liberdade ao indivíduo perante a tirania absolutista e o favorecimento da burguesia, o modelo liberal trata-se do resultado de movimentos humanos.

A maior crítica que se pode atribuir ao sistema liberal é a ausência da participação intervencionista do Estado no domínio econômico, o que acarretava omissão do governo perante os problemas sociais. Os direitos fundamentais consagrados constitucionalmente eram tão somente individuais.

Certamente, como consequência natural do modelo liberal, a insatisfação da massa assalariada era inevitável, uma vez que inexistiam direitos trabalhistas ou qualquer outro direito social, gerando ainda mais miséria e violência.

Com a queda da bolsa de valores de Nova Iorque, em 1930, que gerou a maior crise econômica mundialmente vivenciada, o Estado liberal sucumbiu. A partir desse momento histórico, o Estado abdica do formato liberal para intervir na economia. Dá-se início à atuação protecionista do Estado.

O Estado social é o resultado dessas mutações sofridas no Estado liberal.

Mantendo as garantias individuais do modelo liberal, o Estado social passa a estabelecer uma ordem democrática, instituindo os direitos do trabalho, da previdência, da educação, e intervindo na ordem econômica.

A conquista talvez de maior valor trazida pela instituição do Estado social foi o emparelhamento de pesos entre as liberdades individuais e a igualdade. Por mais que o indivíduo continue a poder defender seus direitos de personalidade, o princípio da igualdade vem garantir que tal defesa não ocasione injustiças sociais.

Critérios como o consentimento e a aceitabilidade popular foram incorporados ao cotidiano social e político, originando uma nova geração de direitos, advindos das bases da democracia.

Dos socialistas que vivenciaram a Revolução Francesa, deve ser atribuída a Marx uma maior parcela de mérito pela instituição do Estado social. Ora, certamente que tal fato não se deu devido a uma súbita generosidade burguesa, mas sim em decorrência do cenário trazido pelos ataques teóricos do marxismo ao sistema capitalista do liberalismo, fornecendo à classe operária subsídios para constatarem o abusivo modelo ao qual estavam se submetendo. A massa assalariada passou a obter as armas que necessitava para organizar movimentos reivindicatórios.

Contudo, por mais benevolente que pudesse ser a intenção de Marx, a reação popular sobrevinda dos ataques do mencionado pensador ao modelo econômico foi um tanto quanto obsoleta, gerando conflitos e violência do povo diante da burguesia. A reação social necessitava de um subsídio maior para reivindicar uma reformulação, uma vez que a posição marxista lhes trouxe o fato, mas não a fórmula para se combater o fato.

Mas essa carência não se prolonga no tempo. Jean Jacques Rousseau fará, de certo modo, as vezes da vontade proletária, e irá organizar politicamente um Estado social de natureza democrática.

Comprometendo-se com a elevação de uma compreensão social da liberdade, a fim de pôr um fim no seu conceito liberal, o qual ainda estava enraizado na sociedade e embargava o progresso das ideias sociais, Rousseau desenvolve a evolução democrática do socialismo. Suas ideias doutrinárias fortaleceram as bases do Estado social diante da expectativa popular e foram o ponto de partida para a noção de Estado democrático de direito.

O modelo social recebeu severas críticas. Muitos acusaram o sistema de frágil demais diante da vontade popular, afirmando que fatalmente seria destruído pela mesma força que o criou, a força das massas.

Porém, esses não passavam de teóricos frustrados pela queda do liberalismo, de pensadores que historicamente sempre atacaram as massas proletárias, tratando-as com imensurável desprezo quando formulavam as bases estatais, motivo pelo qual não haveria qualquer possibilidade de o Estado social se deixar atingir pelas mencionadas críticas. A participação popular na sociedade e a possibilidade intervencionista do Estado deflagravam uma nova e mais benéfica fórmula para a busca do bem-estar social.

> O Estado social, por sua própria natureza, é um Estado intervencionista, que requer sempre a presença militante do poder político nas esferas sociais, onde cresceu a dependência do indivíduo, pela impossibilidade em que este se acha, perante fatores alheios à sua vontade, de prover certas necessidades existenciais mínimas (BONAVIDES, 1996, p. 200).

Se existe um objetivo natural e isento de qualquer impugnação é o sentimento de um estado inato de felicidade e fraternidade universal.

O formato democrático do Estado social inegavelmente caracteriza um progresso incontestável rumo à sociedade universal, por mais inalcançável que esta seja, uma vez que quanto mais próximo dela o modelo estatal estiver, melhor estruturada estará a vida em sociedade. Os caminhos pelos quais a evolução encontra suas rupturas de dogmas são sempre os mais atacados pelo conservadorismo, porém, tendem a acontecer independentemente destas resistências, uma vez que as mesmas acabam por perecer diante das consequências naturais do dia a dia social.

A imprescindibilidade do Estado

Não há sociedade que não precise do Estado. Há, sim, países dotados de um sentimento constitucional tão latente, que a participação da administração pública se faz somente a título de manutenção da ordem, sem grande necessidade de intervenções.

Existem nações, nas quais a civilização possui uma consciência nacional tão intensa, cite-se, por exemplo, a França, que até mesmo o texto constitucional torna-se desnecessário no tocante a direitos fundamentais, haja vista já existir injetado na sociedade um sentimento democrático sobre os direitos humanos. Esses países neutralizam a falta de sentimento constitucional, por já existir um comprometimento nacional e natural à sua sociedade.

O Brasil nunca neutralizou essa ausência, uma vez que, nem mesmo o seu povo possibilita essa evolução, motivo pelo qual a Constituição deve primar sempre pela redundante consagração e imposição de respeito aos direitos humanos.

Em casos como o brasileiro, a participação do Estado é imprescindível para que se mantenha a ordem e o progresso. Mas essa dependência que o país possui em relação ao Estado não é sadia, pois submete o indivíduo autossuficiente a uma condição de diminuição de sua capacidade humana, sempre aguardando que o ente público lhe garanta o mínimo para a vida.

> O indivíduo necessita do Estado para tudo: para o suprimento de energia elétrica, de água, para o programa de habitação, emprego, política salarial, transporte, saúde, previdência, educação. O Estado é o pai de quem tudo se cobra e do qual tudo se espera. Mas é também o pai que decepciona por não conseguir satisfazer o crescimento das demandas e expectativas da população. Por fim, pode ser o pai carrasco das liberdades (CLÈVE, 2000, p. 43).

A presença interventiva do Estado nas relações sociais é sim necessária, porém, ainda mais importante é que o indivíduo passe a não alimentar expectativas quanto a essa intervenção, buscando sempre gerir sua vida de forma a descartar essa necessidade e conduzindo seu convívio social de forma autônoma.

> Eu creio na eternidade do Estado ou, mais precisamente, na duração do Estado até o fim do mundo. Contudo, Estado e Direito não são o mesmo. Pelo menos se esta última palavra se interpretar em seu significado mais amplo e puro: o Estado é o arco, que pode estar com ou sem armadura. Jurídico se denomina esta espécie de Estado que dela necessita.
>
> [...]
>
> Por que o pai e o filho cristãos, para regular suas relações, mesmo a mais importante das relações, não precisam do Direito? Simplesmente porque o pai ama o filho e o filho ama o pai. [...] O bem de um e do outro é o bem da mesma pessoa (CARNELUTTI, 2003, p. 8-10).

Quanto mais a sociedade atuar de maneira autônoma e civilizada, menor será a intervenção, a evolução humana estará sendo estimulada e o Estado poderá concentrar-se na supressão das desigualdades sociais mais graves.

Buscar a evolução é pretender conquistar uma forma própria e legítima de existir, de caminhar por algo que nos é pretendido e que não interfere na liberdade de outrem; é prestigiar uma forma de vida que possibilite que todos vivam em bem estar social.

O direito do trabalho como promovedor de garantias mínimas ao ser humano

O grande objetivo da vida é o alcance de um estado inato de felicidade, é o chamado bem da vida. De uma forma ou de outra, todos estão a procura de uma existência favorecida. Mas não é possível garantir ao indivíduo essa realização, porém, é preciso assegurar as suas possibilidades e atenuar os obstáculos.

Certamente, se fosse realizado um estudo sobre as razões de existir o Direito, uma das hipóteses seria a busca de uma proteção mínima para as garantias humanas fundamentais. No campo do trabalho não poderia ser diferente.

O trabalho, ao mesmo tempo em que se trata de imposição da sociedade para que se possa garantir meios de subsistência, satisfazendo-se as necessidades vitais para a dignidade humana, é, ainda, forma de se conquistar uma maior justificação para a vida.

Assim, em função da ideia e realidade do trabalho como atividade humana sob a meta específica do alcance da dignidade, surge a necessidade de existência de um Direito do Trabalho, primando pelo estabelecimento de diretrizes afirmativas e protecionistas dos trabalhadores.

> En resumen: la finalidad del Derecho del Trabajo es la tutela del trabajador, en cuento parte contratante débil y en cuento trabajador subordinado. Para ello, esencialmente, limita la autonomía contractual privada de ambas partes. Sobre todo, lo hace, estableciendo mínimos que no pueden empeorados por aceptación del trabajador.
> Al equilibrar los poderes de ambas partes contratantes, el Derecho del Trabajo cumple una función primordial: en-

> cauzar conflicto industrial dentro de limites razonables y aceptados por ambas partes. (ORTEGA, 1994, p. 27)

Esse Direito do Trabalho, como já se viu nas abordagens históricas, é o retrato de um trauma sofrido pela civilização. Não se construíram e desenvolveram normas protecionistas ao extremo por simples deliberações legislativas, mas sim devido a necessidade de apresentar para a sociedade um modelo que lhes garantisse ao menos um mercado de trabalho digno.

A classe operária já havia sofrido demais, e fazia-se sobre modo imperiosa a criação de uma esfera de direitos que acalentassem o temor trazido pelos históricos tempos de cólera, os quais tornaram impraticável, à época do surgimento das leis trabalhistas, uma norma que não fizesse outra coisa que não abrigar um colo de proteção ao ser humano assalariado e imposição de condutas aos empregadores.

Toda espécie de lei, tratado, organizações de proteção, enfim, qualquer organismo humano que viesse a tratar de direitos trabalhistas, tenderiam para um protecionismo extremo do obreiro empregado, acarretando um redundante campo de força impenetrável por qualquer que pretendesse a uma flexibilização.

É neste sentido que se passa a falar no chamado princípio protetor, por meio do qual o direito obreiro irá sempre primar pela formação de uma blindagem sob o trabalhador assalariado.

O grande risco e hoje já evidente regresso trazido de tal atuação do legislador trabalhista é que, quando protegido ao extremo, é comum o ser humano acomodar-se, seduzido pela tentação da segurança trazida pelo manto acolhedor do Estado. Por consequência desse cenário, a evolução das relações privadas pode estar fardada ao congelamento.

Justamente em decorrência dessa constatação, e por ser o Direito do Trabalho um seguimento específico de proteção das relações laborais, é preciso que os legisladores, aplicadores e intérpretes das leis assumam uma atitude mais audaciosa diante da necessidade de o direito sempre dever ser conduzido para uma busca de evolução do ser humano, sob pena de a ciência jurídica perder sua significação.

De nada vale um direito que diminua o potencial da pessoa. O objetivo da ciência é a busca de algo que prestigie a vida e não de uma condição quase que parasitária, onde pouco importa até mesmo a vontade da pessoa, devendo ela submeter-se ao protecionismo, mesmo quando este lhe proteja tanto que venha a se tornar um empecilho.

É preciso sim uma proteção, e esta é trazida pelo Direito do Trabalho, mas por óbvio que o trauma dos tempos de opressão operária já foi reduzido, e o mundo já não é o mesmo de antes, sendo assim, a norma jurídica deve evoluir também.

Jesus Ortega, Juan Martinez e Tomas Sala Franco entendem que os dois maiores desafios enfrentados pelo Direito do Trabalho são: "desarrollar adecuadamente los derechos y principios constitucionales (I) y acomodarse a las exigencias de um sistema económico cada vez más competitivo (II)" (ORTEGA, 1994, p. 27).

Não é preciso dizer que a mencionada posição doutrinária espanhola encaixa-se perfeitamente ao modelo brasileiro. Certamente que em todas as nações o maior desafio do Direito do Trabalho é a sua adequação com as exigências do mercado, do sistema econômico cada vez mais competitivo.

Já não é novidade que a contratação de mão de obra assalariada está diminuindo, e não é preciso ser grande entendedor das coisas para se concluir que havendo uma reforma no modelo e na aplicação da lei trabalhista, tanto no âmbito constitucional quanto no infraconstitucional, a geração de emprego será mais atrativa ao empresário, e as relações de vinculo empregatício voltarão a abranger quase que todo o mercado de trabalho, possibilitando, assim, uma maior segurança ao trabalhador.

O Direito do Trabalho deve sim buscar a promoção de garantias mínimas ao ser humano, mas isso não se pode confundir com uma total ausência de flexibilização, com um fechamento do sistema diante da possibilidade de se experimentar novos modelos.

A ferida trazida pela história já cicatrizou. O ser humano está em condições de evoluir no campo do mercado de trabalho assalariado há muito tempo. O Direito do Trabalho deve ser reelaborado em prol da evolução humana, sob pena de vir a se tornar um câncer para os próprios trabalhadores.

O mercado atual, caso não haja uma reformulação do protecionismo, se tornará cada vez mais selvagem para o assalariado, e este, quando não mais tiver a quem recorrer, irá buscar abrigo e recursos no Estado, e muito provavelmente o ente estatal não terá condições e nem muito menos estrutura suficiente para oferecer uma resposta digna ao trabalhador.

SISTEMA DE GARANTIAS CONSTITUCIONAIS

A constitucionalização dos direitos fundamentais dos trabalhadores no Brasil

As reflexões anteriores sinalizam para uma nova ordem de verificação dos embriões da proteção social e, ao mesmo tempo, da possibilidade de não mais permitir que fatores históricos, econômicos ou políticos bloqueiem a evolução dos direitos sociais nas relações privadas.

E considerando que o Brasil possui um modelo jurídico fundamental pautado num sistema de garantias constitucionais, vale uma breve passagem pelo constitucionalismo brasileiro, para posterior análise de questões de imperiosa importância para o progresso da ciência jurídica na sociedade.

No constitucionalismo brasileiro, o apego às questões sociais teve início somente a partir da Constituição de 1934, quando passaram a surgir normas constitucionais de direito do trabalho.

Durante o período liberal, as constituições previam a proteção das liberdades de forma suprema, o que impedia um maior comprometimento com as questões sociais, uma vez que o Estado estaria totalmente ausente devido ao não intervencionismo.

Por mais que se pretenda a conquista de uma sociedade autônoma, que independa da participação estatal, há a necessidade de que os cidadãos integrantes dessa civilização possuam o discernimento e senso de solidariedade suficientes para que o Estado participe de uma forma mínima essencial, mas a sociedade daquele período não possuía tais requisitos.

Assim, as constituições do liberalismo brasileiro não tiveram efetividade concreta no tocante aos direitos sociais dos trabalhadores.

Então, a Constituição de 1934, influenciada no constitucionalismo mexicano e alemão, introduziu a previsão de normas constitucionais de proteção aos trabalhadores, acrescentando ao texto político o capítulo "Da Ordem Econômica e Social".

No conteúdo da carta de 1934, vale destacar, além da previsão de intervencionismo estatal, o surgimento do pluralismo sindical em uma mesma base territorial, enquanto que as demais previam o princípio do sindicato único.

Com o advento do texto de 1934, os trabalhadores passaram a constituir uma representatividade sindical de expressão, possibilitando uma maior concretude na luta pelas questões sociais.

Todavia, sua vigência teve um curto período de duração, pois em 1937 é promulgada uma nova Constituição, que acarretou considerável regresso às lutas sociais, especialmente no tocante à representatividade sindical, vez que revogou a possibilidade do pluralismo.

Mas em compensação aos retrocessos do texto da nova carta política, durante sua a vigência houve uma movimentação legislativa bastante satisfatória para os direitos dos trabalhadores, destacando-se a criação da Justiça do Trabalho e o advento da Consolidação das Leis do Trabalho em 1º de maio de 1943.

Em 1946, surge uma Constituição pautada na ideia de Estado Democrático, restabelecendo diversos preceitos da carta de 1934, merecendo destaque a consagração do direito de greve, que havia sido proibido em 1937.

Com a Constituição de 1946, a Justiça do Trabalho deixa de ser um órgão de natureza meramente administrativa, passando a constituir-se como órgão do Poder Judiciário.

Pautada na valorização social do trabalho, demonstrando um mantenimento da tendência de proteção fundamental já traçada em 1946, e Constituição de 1967, emendada em 1969, traz à sociedade uma previsão ainda mais concreta para diversas garantias aos trabalhadores, como a introdução do Fundo de Garantia por Tempo de Serviço.

Finalmente, em 1988, surge o texto de 1988, também conhecido como "Constituição Social", apresentando uma continuidade da evolução dos direitos sociais e o desenvolvimento de inesgotáveis vias de proteção dos trabalhadores.

> A de 1988 valorizou o *direito coletivo* com a proibição da interferência do Poder Público na organização sindical, embora mantendo o sistema do sindicato único. Iniciou, desse modo, uma tentativa de ampliação dos espaços do movimento sindical. (NASCIMENTO, 2000, p. 46)

A norma fundamental de 1988, além de enumerar diversos direitos sociais, também os inclui na cláusula de petrificação, considerando-os como direitos humanos fundamentais e recepcionando a proteção do trabalhador como forma de afirmação de diversos princípios e objetivos previstos no texto, como a dignidade da pessoa humana, a defesa da ordem econômica, a erradicação da pobreza, a criação de uma sociedade livre, justa e solidária, dentre muitos outros.

E é com base nesta última carta constitucional, revolucionária para as questões sociais, que as análises e propostas a seguir se fundamentam.

Valorização social do trabalho e a eficácia horizontal dos direitos fundamentais

Dentre os intrigantes mistérios da existência, é certamente fascinante constatar o quanto cada ser humano é único, insubstituível no plano existencial. Cada pessoa tem seus próprios dons, sonhos, defeitos e valores. E o exercício dessa unicidade é imprescindível para a vida.

Justamente dessa diversidade entre os indivíduos é que nasce a necessidade de existir o Direito. Não exatamente oriundo das diferenças entre os seres sencientes, mas sim de como estes lidam com suas diferenças.

Quando se fala em Constituição, está se tratando de constituir os critérios básicos e fundamentais para evitar que as diferenças humanas interfiram na vida única de cada pessoa.

A sabedoria humana tem início justamente quando se começa a pensar nas necessidades vitais das outras pessoas. O pensamento de inclusão é um exercício para garantir a dignidade da pessoa humana, para assegurar a todos o direito ao dom da vida.

Então, ao elaborar um texto normativo fundamental para a vida, o legislador deverá sempre buscar a concepção mais aceitável sobre a matéria que irá tratar. Melhor dizendo, terá de primar pelos critérios da razoabilidade, aceitabilidade e racionalidade.

Eleva-se ainda mais a necessidade dessas figuras quando estiver sendo criada uma norma constitucional fundamental. Isso porque uma Constituição é instituída não para ser perpétua – até porque, talvez nem mesmo o Direito deva ser perpétuo, mas sim para ser duradoura e segura.

Deve o legislador constituinte possuir acentuado poder de assimilação, pois deverá prever a vontade do povo. E aqui, não se está falando em vontade presente, mas em uma vontade permanente, aquela que nem mesmo uma eventual maioria anarquista poderá derrubá-la.

A vontade do povo presumida pelo constituinte traça uma esfera indisponível de direitos, uma linha mínima de proteção que é adquirida por toda pessoa desde o início da vida. Tal garantia individual surge para trazer segurança jurídica aos direitos fundamentais.

Para que um sistema de normas essenciais resista aos alcances da evolução humana, é necessário que o intérprete da norma saiba também buscar a vontade razoável do povo.

Ora, pergunta-se, então, qual o sentimento que move a Constituição? Quais os valores que conduzem o constitucionalismo para uma longa existência? Como o intérprete da Constituição irá atuar para que esta não pereça diante do impacto humano?

A princípio, o presente ensaio científico objetiva definir justamente alguns sentimentos que jamais poderão ser excluídos da interpretação e aplicação das normas fundamentais da Carta Política, mas, também outros sentimentos ou concepções que deverão, sempre, ser agregados na atuação prática do direito especificamente nas relações privadas de trabalho.

Na década de 1980, a vida dos trabalhadores sofreu inúmeras mutações trazidas por fenômenos como a globalização e a abertura comercial, o que levou o legislador constituinte a comprometer-se com uma maior margem protecionista para os trabalhadores assalariados e também para o mantenimento da ordem econômica nacional.

Surge, então, a Constituição Social, consagrando, em vários artigos esparsos e capítulos específicos, a valorização social do trabalho e da livre iniciativa, princípios esses que respectivamente traduzem a proteção dos trabalhadores – *e aqui a referência é para qualquer tipo de trabalhador, e não somente os assalariados* – e do mercado brasileiro.

A assertiva de que os trabalhadores empregados possuem uma maior necessidade de defesa do direito, em vista de serem hipossuficientes em relação aos empregadores possui um caráter de coerência inquestionável, contudo, sua interpretação é que não pode sempre levar o empregador – *empreendedor que gera emprego*, a uma condição de carrasco dos direitos fundamentais.

Está certo que o sistema capitalista foi absorvido pela sociedade de uma forma selvagem e devastadora para os direitos fundamentais, dando-se preferência pelo acúmulo de capitais em detrimento da valorização do trabalho, mas nas relações privadas se faz sobremodo necessária uma análise caso a caso.

Como já visto no capítulo anterior, no mercado de trabalho friamente capitalista, constata-se que na medida em que o trabalhador produz mais riqueza, ainda mais pobre ele se torna; e na medida em que cria mercadorias, e estas são valorizadas, o trabalhador ainda mais se desvaloriza, pois seu trabalho, com o desenvolvimento das formas de produção, vai se tornando ultrapassado e descartável pelas tendências capitalistas.

Os trabalhadores necessitam, sim, de uma proteção especial de seus direitos, sob pena de grave lesão ao princípio da dignidade humana. Isto é certo e jamais poderá ser contrariado. Mas todos os trabalhadores, e não somente os assalariados. E é justamente aqui que irá surgir o principal objeto deste ensaio científico, em vista da necessidade de se defender uma nova visão, uma reformulação na forma como o direito vem sendo aplicado diante das relações privadas de trabalho.

Muitos empregadores não possuem o discernimento necessário das consequências de um mercado sem trabalhadores assalariados. O crescimento das terceirizações e das contratações de profissionais liberais pode acarretar sérios problemas para o desenvolvimento social do país.

> Para os empresários menos avisados pode parecer vantajosa a situação de desemprego crescente, já que traz maior

> oferta de trabalhadores, o que gera o pagamento de salários mais baixos. Entretanto, basta uma rápida análise para que se verifique que o desemprego é um mal que atinge toda a nação. Sem o recebimento de remuneração, diminui o consumo, o que implica a redução da produção e por sua vez, como em um círculo vicioso, menor necessidade de trabalhadores, intensificando a massa de excluídos.
> A queda de salários ou diminuição da folha de pagamento pode até gerar, de forma imediata e para o empregador individual, um aumento de lucro. Mas, à medida que todos os empresários adotem o mesmo procedimento, o mercado vai defluir e, além de não existirem os consumidores, os sobrecustos gerados em função da ociosidade da capacidade produtiva acabarão por superar os lucros decorrentes da diminuição de salários (ARRUDA, 1998, p. 87).

Certamente, basta que se faça um levantamento, nas grandes potências econômicas mundiais, sobre os índices de trabalhadores empregados e trabalhadores informais existentes no mercado, para que se verifique a disparidade do Brasil em relação aos modelos mais desenvolvidos.

Essa mudança de comportamento no mercado de trabalho não trará qualquer vantagem para os trabalhadores, sejam eles empregados, informais, empresários ou empregadores.

Eficácia horizontal

A teoria da eficácia horizontal dos direitos fundamentais trabalha com a ideia de que não é somente o Estado o agente capaz de violar os direitos fundamentais, podendo haver lesão também em relações privadas, sem a participação de qualquer ente público.

Se nas relações privadas os direitos fundamentais não tivessem de ser respcitados, não faria mais sentido falar-se no princípio da supremacia da Constituição, uma vez que seus preceitos sagrados pereceriam diante da vontade particular. A regra da proteção mínima deixaria de existir.

Tome-se, por exemplo, a valorização social do trabalho, sobre a qual a presente dissertação visa aprofundar-se: não basta reconhecer que os trabalhadores possuem direitos fundamentais e esperar que o Estado observe e garanta o gozo desses direitos, se faz também necessária a sua observância pelos demais agentes não estatais, pelas pessoas envolvidas ou não em relações de trabalho. Um contrato de trabalho não pode prever regras que violem direitos fundamentais.

Por mais que possa parecer inadmissível, há posições doutrinárias que advogam na tese de que não haveria essa eficácia horizontal. Existem, por exemplo, adeptos da noção de que os direitos fundamentais surgem com a função de proteger os indivíduos contra violações por parte do Estado, não se aplicando para as relações privadas, mas tão somente em relação ao Estado.

Trata-se de uma escola extremamente radical, contra a qual já não é mais preciso argumentar em contrário, uma vez que a própria tese demonstra-se suficientemente absurda. Especialmente se considerando os princípios basilares e objetivos fundamentais da República Federativa do Brasil, tais como construir uma sociedade livre, justa e solidária, erradicar a pobreza, garantia de pleno emprego, o princípio da supremacia da Constituição, enfim, todo e qualquer preceito fundamental.

Não coaduna com o conceito de Estado Democrático de Direito, a ideia de livre arbítrio em relação aos direitos fundamentais. A regra da proteção mínima, indisponível e irrenunciável não pode ser quebrada. Como se verá mais a frente, tais regras devem ser flexibilizadas, mas jamais ignoradas.

Com apoio de alguns adeptos da antiga escola civilista, há também a tese que defende a inaplicabilidade dos direitos fundamentais nas relações privadas devido a uma maior autonomia conferida ao direito privado.

> Uma primeira tese contra – ou que pelo menos tende a fortemente relativizar – a ideia de efeitos dos direitos fundamentais nas relações privadas é aquela que se esforça em desmistificar uma posição hierarquicamente inferior do direito privado em relação à constituição e, por conseguinte, aos direitos fundamentais. Essa é uma teoria que reúne pouquíssimos adeptos explícitos, mas que, especialmente entre civilistas, no Brasil inclusive, conta com grande simpatia. Um dos poucos a defendê-la abertamente é Uwe Diederichsen. (SILVA, 2005, p. 71)

A tese da autonomia mitiga bastante a questão da hierarquia de leis, não simplesmente sustentando a ausência da pirâmide legal, mas argumentando que os valores informados pelos direitos fundamentais não podem ser considerados como superiores e sagrados puramente pelo fato de constarem no texto constitucional. Não se trata de mera questão de formalidade.

> Para reforçar seu argumento, Diederichsen lembra que, da mesma forma que muitos hoje encaram como ponto pacífico a supremacia dos valores constitucionais em confronto com o direito privado, no século XIX o cenário era o oposto e eram os valores do direito privado que eram tidos como superiores. Tudo não passaria, assim, de variações argumentativas e valorativas, que não têm relação necessária com a hierarquia formal entre constituição e legislação ordinária. Se assim não fosse, ou seja, se houvesse de fato uma relação hierárquica entre direitos fundamentais e direito privado, necessariamente todos os conflitos deveriam ser resolvidos a favor dos primeiros. (SILVA, 2005, p. 73)

Mas, há de se negar razão para a mencionada tese, uma vez que, os direitos fundamentais vêm de uma evolução histórica de gerações.

O início do reconhecimento da fundamentabilidade de determinados direitos ocorreu com os direitos de liberdade, ou civis e políticos, conhecidos como direitos fundamentais de primeira geração.

Após, surgiram mais duas dimensões, uma albergando os direitos de igualdade, direitos sociais, econômicos e culturais, e outra abrangendo os valores da fraternidade, ou solidariedade.

Tais gerações formam a posição incontroversa da evolução dos direitos fundamentais, havendo ainda alguns defensores de outras gerações subsequentes, sobre as quais não cabe tratar no presente ensaio.

Neste sentido, considerando a forma como foram concebidos os direitos fundamentais, não se pode negar a necessária eficácia horizontal que deve ser conferida aos mesmos, sob pena de quebra da rigidez constitucional e da supremacia da Constituição.

Ora, há de se levar em conta que de nada adiantaria defender o cidadão de eventuais lesões a direitos fundamentais praticadas pelo Estado, se no campo das relações privadas, tais direitos estariam frágeis em sua garantia e aplicabilidade.

Não se pode deixar de reparar que não somente o Estado, mas também qualquer ser humano pode ser agente violador de direitos e garantias fundamentais, especialmente considerando eventuais desequilíbrios de poderes entre os particulares sujeitos de uma relação privada.

Assim, não basta que os direitos fundamentais sejam oponíveis nas relações entre o Estado e os cidadãos, se faz sobremodo imperioso para o mantenimento da ordem social e da justiça, a total aceitabilidade da teoria da eficácia horizontal, não se podendo falar em o judiciário aceitar uma relação privada que viole direito ou garantia fundamental.

A grande questão que se coloca em cheque, é a tendente elevação dos direitos e garantias fundamentais a um desnecessário e perigoso caráter de absoluto, impassível de ser relativizado caso a caso.

Por certo, objetivando adequar o direito de tal forma que a evolução humana seja sempre impulsionada, e não freada, é preciso passar a se aplicar um exame das situações humanas. Ora, quanto mais o ser humano é visto e tratado como frágil, mais frágil ele se sente.

Como já se frisou, os direitos fundamentais não podem ser ignorados, especialmente no tocante a relação dos cidadãos com o Estado. Porém, nas relações privadas, quando se tratar de direitos fundamentais, deve-se parar de tratá-los como valor absoluto – *leia-se "voz da razão"*, para se falar em busca da supremacia razoável.

Baseando-se em critérios de aceitabilidade popular e razoabilidade, é plenamente possível a relativização dos direitos e garantias fundamentais. É a flexibilização diante das relações privadas.

Flexibilização de direitos

Como visto, o que se pretende arguir nesta peça científica é a possibilidade de realizar a flexibilização dos direitos e garantias fundamentais diante das relações privadas, visando buscar uma aplicação que garanta aos cidadãos o respeito e gozo da proteção mínima, porém sem os exageros atuais, os quais impossibilitam o crescimento da humanidade, seja como organização civil e social, seja como ser humano solidário que não precisa exatamente do direito para ser solidário.

A supremacia razoável seria uma situação em que encontra-se um equilíbrio entre o direito fundamental em voga e as razões que levaram os cidadãos a praticarem determinada relação privada.

Atualmente, é possível citar alguns exemplos de aplicação flexível que já há muito tempo ocorrem. Como é o caso dos acordos trabalhistas efetuados judicialmente, nos quais o autor da ação, que pretendia reconhecimento de vínculo empregatício e recebimento de verbas rescisórias, aceita o valor oferecido pela empresa ré em audiência, por mera liberalidade e sem o reconhecimento da relação de emprego.

Na situação exposta, o trabalhador que ingressou com a reclamação trabalhista está renunciando e dispondo de seus direitos fundamentais de trabalhador empregado. Trata-se, aqui de uma relativização da irrenunciabilidade e da indisponibilidade.

Outra hipótese comum é o tratamento flexível do duplo grau de jurisdição, no qual o cidadão aceita receber da parte contrária uma soma em dinheiro, ou qualquer outro bem, em troca de não recorrer de determinada sentença. Houve, aqui, mais uma situação de relativização.

O que não pode ocorrer é o Estado bloquear o exercício do duplo grau de jurisdição, mas não há como impedir uma pessoa de aceitar algo em troca de não recorrer.

Em resposta ao exemplo, muitos alegariam que o direito ao duplo grau de jurisdição é fundamental em relação à sua garantia ao cidadão, e não ao seu exercício, podendo, por óbvio, o cidadão deixar de exercitá-lo.

Contudo, é exatamente isso que significa a possibilidade de flexibilização diante das relações privadas, e da não flexibilização diante da oponibilidade dos direitos fundamentais ao Estado.

A supremacia razoável do direito ao duplo grau de jurisdição, por exemplo, seria a impossibilidade de uma pessoa dispor ou renunciar ao direito de recorrer em um instrumento de contrato. Ou seja, não se pode admitir um contrato civil que conste uma cláusula prevendo que em eventual litígio judicial, as partes não poderão recorrer à segunda instância. Ora, aí sim haveria violação ao direito fundamental.

Agora, não se pode falar em irrenunciabilidade ou indisponibilidade da garantia de um direito que o titular pode vender. Afinal, se recebeu e aceitou algo em troca de não recorrer, é porque considerou que sua pretensão judicial estaria suportada. Trata-se, aqui, de se admitir a possibilidade de as pessoas se resolverem, prevalecendo a liberdade negocial.

> Logicamente, está constitucionalmente proibida uma renúncia à titularidade do direito fundamental pelo indivíduo, valendo, nesse caso, o postulado segundo o qual os direitos fundamentais são irrenunciáveis.
> Em contrapartida, uma renúncia ao exercício de determinado direito ou de determinadas posições protegidas pelo direito fundamental poderá ser admitida, desde que se observem certos requisitos e limites. Isso porque, da titularidade do direito fundamental, irrenunciável, decorre o poder da disposição do titular sobre se, como, quando e onde exercerá qualquer das possibilidades de ação protegidas pelo direito. Portanto, em nome do princípio da autonomia e autodeterminação individual, que integra e molda o cerne de todos e cada um dos direitos fundamentais, decorre o poder do titular de dispor do exercício de determinados direitos fundamentais, podendo renunciá-los, se assim espera retirar benefícios maiores do que alcançaria se optasse pelo exercício do direito. (VALE, 2004, p. 199)

Acrescente-se ainda que a renúncia ao exercício de um direito fundamental não pode deixar de ser vista como uma forma de seu exercício, de realização do direito, vez que pela renúncia o titular está manifestando a sua autonomia, a sua autodeterminação.

Além disso, nessa ideia de flexibilização, há que se impor, obviamente, que os limites dessa relativização seriam os próprios direitos fundamentais, melhor dizendo, a partir do momento em que ocorre uma colisão entre direitos, a flexibilização torna-se menos possível, porém, ainda possível de ocorrer.

> Assim como o ordenamento jurídico prevê a produção de efeitos jurídicos para as normas constitucionais de proteção ao emprego, também prevê as alterações necessárias em caso de mudança na situação econômico-financeira da empresa, sempre visando a evitar o desemprego. Com essa análise é possível até encontrar uma aplicação prática para o princípio do pleno emprego, implementando nas alternativas constitucionais de negociação dos direitos trabalhistas na busca de sua preservação. (ARRUDA, 1998, p. 105)

Leve-se em consideração a seguinte hipótese: em uma determinada empresa, é discutida entre empregadores e empregados uma redução salarial, na qual, em contrapartida, seria garantido aos empregados um acréscimo em determinados benefícios, como um convênio médico de maior qualidade. Saliente-se que na ocasião os empregados tinham plena consciência, até mesmo pelo bom relacionamento com os empregadores, de que a não redução salarial não acarretaria na demissão de nenhum trabalhador. Em tal reunião, apenas um dentre os cinquenta empregados delibera contrariamente à redução de salários. Há, aqui, uma colisão entre a irredutibilidade salarial e o princípio democrático da maioria. Seria possível impor àquele único obreiro a redução de salário, baseando-se no princípio da maioria? E os demais empregados, poderiam renunciar ao direito da irredutibilidade? Ou posteriormente, poderiam ingressar com demanda judicial pretendendo diferenças salariais oriundas do período posterior à redução de seus salários?

Certamente, tal situação provocaria extremo e interminável debate acadêmico. Contudo, não pode ser descartada a possibilidade de tal redução ser considerada lícita, uma vez que a amizade e o bom relacionamento dos empregadores com os empregados era o suficiente para resguardar o emprego de todos independentemente de aderirem ou não ao pedido de redução de salários feito pelos empregadores, os quais, conscientes de serem bons cidadãos, jamais teriam como política demitir funcionários sem justa causa.

Veja-se que em hipótese alguma é possível a defesa da renúncia de um direito fundamental de forma permanente. Aplica-se a flexibilização em modo provisório, conforme as situações ocorrem na vida das pessoas.

> A renúncia deve ser, imprescindivelmente, limitada temporalmente, visto que uma autolimitação de direito fundamental despida de termo final corresponde a uma renúncia à própria titularidade do direito. (VALE, 2004, p. 219)

O maior benefício da busca da supremacia razoável do direito fundamental, é livrar a sociedade de um manto protetor que, na verdade, está alienando a capacidade individual de o ser humano se autodeterminar. É possível, sim, a sociedade, um dia, não mais precisar do direito. Não que o direito deixará de existir, mas a sociedade possui plenas condições de alcançar um patamar de civilidade tão concreto, que as pessoas passem a recorrer menos ao judiciário e resolvam seus problemas.

Já não é novidade a submissão excessiva de demandas movidas por mesquinharias humanas junto ao Judiciário, todas envolvendo meros aborrecimentos cotidianos, por muitas vezes tendo como tentativa de fundamentação jurídica direitos e garantias fundamentais, que nesses casos são utilizados de forma abusiva, com desvio de função. É a banalização dos direitos fundamentais.

A flexibilização tende a reeducar a sociedade, demonstrando para o indivíduo que seus únicos direitos irrenunciáveis e indisponíveis a qualquer custo são o direito à vida, as liberdades e a sua autodeterminação, a sua formação como ser humano semelhante.

Os valores sociais do trabalho e a flexibilização nas relações privadas

No Brasil, a Constituição Federal de 1988, em seu artigo 1º, inciso IV, dispõe o quanto segue:

> Art. 1º A República Federativa do Brasil, formada pela união indissolúvel dos Estados e Municípios e do Distrito Federal, constitui-se em Estado Democrático de Direito e tem como fundamentos:
> [...]
> IV — os valores sociais do trabalho e da livre iniciativa;

Vislumbra-se, então, que logo de início, o legislador constituinte compromete a ordem constitucional com a proteção da valorização social do trabalho e da livre iniciativa.

Por trabalho, "atividade humana sobre metas específicas" (MAMEDE, 2004, p. 36), pode-se concluir tratar-se de toda e qualquer atividade física ou intelectual que receba, ou se pretenda o recebimento, de uma contraprestação por sua execução, seja essa uma atividade prestada em caráter eventual ou constante, desde que não se trate de conduta ilícita.

É pelo trabalho que o indivíduo conquista sua afirmação na sociedade, procurando alcançar uma existência digna e mais próxima da ideia de felicidade. Logo, cabe ao direito o papel de proporcionar ao cidadão meios justos e concretos para sua colocação no mercado de trabalho.

O estabelecimento no texto constitucional do rol de direitos fundamentais, a tendência moderna da flexibilização combinada com a ideia de proteção mínima e inviolável são medidas que atuam na busca da melhoria e valorização da vida social.

> Desde a promulgação da Constituição, em 5 de outubro de 1988, há um amplo leque de possibilidades de flexibilização nos direitos trabalhistas, a maior parte com o crivo constitucional. A aplicação correta dessas normas pode trazer uma nova concepção à negociação entre empregados e empregadores e evitar a desregulamentação de normas e elaboração de novas legislações, a exemplo do contrato temporário. Nesse contexto, flexibilizar direitos é permitir uma maior amplitude de opções de negociação entre as partes envolvidas, sendo uma concepção contemporânea e real, diferentemente da diminuição e exclusão de direitos, que aprofunda a desigualdade jurídica e econômica dos trabalhadores. (ARRUDA, 1998, p. 104)

Para atender de forma efetiva às necessidades humanas, há uma notória generalidade na maneira como a Constituição dispõe sobre as garantias fundamentais, sendo necessária a participação do direito infraconstitucional na efetividade e aplicabilidade das normas expressas na carta política.

Tome-se, por exemplo, o princípio da valorização social do trabalho, o qual irá designar um vasto campo de abrangência, aplicando-se a proteger todos os direitos e garantias oriundos das relações de trabalho, sejam estas de que natureza forem.

> Da forma como disposto na Constituição, no amplo espaço conceitual aberto pela expressão *valores sociais do trabalho e da livre iniciativa*, tem-se a preservação da atuação produtiva individual ou coletiva havida sob formas jurídicas distintas: o trabalho nos setores primário (rural), secundário (industrial) ou terciário (comercial); o trabalho manual e o trabalho intelectual (artigo 5º, XXVII a XXIX, da Constituição); o trabalho autônomo, remunerado ou não

> (voluntário, assistencial); o trabalho cooperativo, personalizado (sociedades cooperativas) ou não (mutirões); o trabalho empregado, regido pela Consolidação das Leis do Trabalho, ou o desempenho de funções públicas. Mas, da mesma forma, e sem qualquer distinção, o trabalho empreendedor, isto é, empresarial, que planeja, investe, estrutura, emprega pessoas, organiza a produção do trabalho individual, remunera-o, inova; trabalho empresarial que cria condições para que sejam alcançados os objetivos fundamentais da República. (MAMEDE, 2004, p. 37)

Diante dos atuais avanços e evoluções no mercado e nas relações sociais, a ideia de que proteger o trabalho significa situar o empregado assalariado envolto a um campo protecionista, tratando-o como um sujeito frágil das relações de trabalho, já não pode mais prevalecer de forma inflexível. Da valorização social do trabalho ditada pelo legislador constituinte, espera-se muito mais do que somente colocar o empregado diante de um impenetrável manto protetor.

A exacerbada proteção para a massa assalariada inverte os pesos de desigualdade do binômio da relação de emprego, tornando cada vez menos viável a contratação de mão de obra assalariada, e aumentando os índices de desemprego e de profissionais liberais, os quais, devido à escassez de oportunidades celetistas, se lançam à loteria do mercado liberal.

O mercado de trabalho precisa ser atraente e benéfico também para quem gera emprego, para os trabalhadores empregadores, e não apenas um conjunto de prerrogativas protecionistas para os assalariados.

Não se pode defender, obviamente, a abolição dos direitos protetivos das relações de trabalho, porém, um movimento de flexibilização deve ser sempre realizado, a fim de evitar o retrocesso e uma crise ainda maior para o ser humano perante o mercado de trabalho.

Definir como fundamento da República os valores sociais do trabalho, é dizer que o trabalho humano, seja de que natureza for, deverá ser protegido pelo Direito e, consequentemente, respeitado e valorizado pela sociedade.

Não se pode interpretar o princípio da valorização social do trabalho como uma defesa de minorias. Ele é muito mais do que isso. A ordem transmitida pelo legislador constituinte é a de que todo trabalhador possui direitos e garantias fundamentais, e não apenas os empregados assalariados, que não são tão frágeis como têm sido tratados, e podem, sim, fazer uso de sua autonomia, de sua autodeterminação.

O cuidado que se deve ter é para evitar excessos tanto na proteção quanto na não proteção dos trabalhadores. É preciso relativizar as concepções mais conservadoras, a fim de esfriar o movimento de alienação do princípio da autonomia frente aos direitos fundamentais. Mas, ao mesmo tempo, uma flexibilização realizada indevidamente pode gerar graves lesões às eventuais minorias.

> As renúncias a direitos fundamentais nas relações privadas serão, em princípio, inadmissíveis quando proferidas numa relação assimétrica de poder, pois nessas situações presume-se a inexistência de uma declaração despida de vícios. (VALE, 2004, p. 219)

Que a valorização social do trabalho deve ser aplicada a fim de proteger e fortalecer o mercado de trabalho e a ordem econômica, não restam dúvidas, e justamente para se atingir tais objetivos é que surge o movimento de flexibilização.

Um país forte necessita de uma população consciente e respeitante dos direitos e garantias fundamentais. Não há como se conquistar uma nação livre, justa e solidária, se o Direito mantiver em suas bases as ultrapassadas concepções de que as pessoas são seres frágeis e incapazes de manifestarem ou defenderem suas próprias necessidades vitais.

Os direitos fundamentais, como a valorização social do trabalho, aí estão, e devem ser aplicados conforme a evolução da sociedade, sendo que, por muitas vezes, será necessário deixar de aplicá-los de forma tão irrenunciável e indisponível para justamente impulsionar o progresso das relações privadas.

É preciso sempre se estabelecer um momento, um ponto da condição humana, no qual o direito passa a esperar que o indivíduo caminhe sozinho, e saiba como tratar seus semelhantes e respeitar a igualdade e a dignidade humana. Enquanto o direito for uma armadura que envolva e fragilize o cidadão, a sociedade não irá conhecer os verdadeiros significados da solidariedade e da compaixão.

OS DIREITOS SOCIAIS E AS CLÁUSULAS PÉTREAS

Este capítulo destina-se não apenas na designação dos direitos sociais garantidos pela Constituição Federal de 1988 como incluídos nas cláusulas pétreas, mas também na análise quanto a eventuais fundamentos para a possibilidade de flexibilização desses direitos.

A Constituição Federal, no tocante ao alcance do artigo 60, § 4º, IV, deve receber uma interpretação sistemática. Logo, existem direitos fundamentais e garantias individuais e coletivas em diversas passagens do texto constitucional, e não somente no artigo 5º, que os arrola de forma não taxativa.

Disto depreende-se que, os direitos sociais estão, sim, incluídos no rol de proteção fundamental como cláusulas petrificadas, até porque tal espécie de direitos abrange grande parcela do essencial para a vida, como saúde, cultura, lazer, trabalho, dentre outros.

Porém, desta constatação de que os direitos sociais são cláusulas pétreas, surge uma necessária reflexão: sendo cláusulas pétreas, os direitos sociais são passíveis de flexibilização?

Certamente que a resposta mais eficaz para esses direitos especiais é positiva. E justamente pela possibilidade de se realizar essa flexibilização é que surgem alguns defensores da não petrificação dos direitos sociais. Porém, tal tese não pode prosperar.

Dada a importância, para a vida em sociedade, dos direitos em questão, é certo afirmar que a Constituição possui o dever de garantir a máxima proteção possível a tais direitos, sob pena de quebra dos objetivos fundamentais da república, previstos no artigo 3º da Carta Política.

Outra vertente que se pode observar é que, quando for interpretar a Constituição, o operador jurídico necessita sempre de uma leitura do texto tendente a aplicar a norma fundamental da maneira mais benéfica possível. A Constituição não pode ser interpretada de forma restritiva, realizando-se exclusões de quaisquer direitos que sejam vistos como essenciais para a vida.

A interpretação que o constituinte pretende sempre será a mais benéfica possível para a sociedade. Assim sendo, os direitos sociais são cláusulas pétreas e, como qualquer outra cláusula pétrea, estão sujeitos à eventual flexibilização.

De acordo com a necessidade humana de cada momento histórico, os direitos fundamentais podem vir a sofrer alguma mudança em seu valor, alcance ou significado para a vida.

Vale dizer, se são fundamentais, devem ser úteis, e possibilitando o crescimento e desenvolvimento das relações humanas, sem que haja prejuízos a qualquer das partes envolvidas.

A proibição que se faz precisa é a de não pode haver abolição dos direitos, e não a de flexibilização. Esta aparenta ser a interpretação mais benéfica para a sociedade, sobre os limites da proteção das cláusulas pétreas.

E não somente os direitos sociais, mas todo e qualquer direito fundamental deve ser experimentado em toda a sua potencialidade. Isto significa dizer que a flexibilização dos direitos mais essenciais para a vida humana é condição primordial para a evolução do ser humano enquanto indivíduo único e como indivíduo social.

Ainda, potencialmente, as cláusulas pétreas são inamovíveis do texto constitucional, mas isso jamais pode ser interpretado como uma proibição de experimentação de tais direitos e garantias.

Aplicar os direitos fundamentais em todas as suas vertentes, importa, sim, em experimentar a vida humana em uma amplitude positiva e também negativa dos direitos em questão.

Não basta, para o Direito como ciência, simplesmente apresentar as cláusulas pétreas como um produto acabado, como um padrão a ser seguido. A cláusula de petrificação desses direitos não pode ser interpretada como uma norma proibitória da submissão de tais direitos às perturbações do conhecimento.

As cláusulas pétreas devem estar sujeitas a questionamentos, sob pena de tornarem-se um câncer para a efetividade dos direitos fundamentais, traduzindo-se em mais um equivocado movimento de protecionismo exacerbado.

Se faz sobremodo imperioso buscar sempre a maior margem de questionamento aos direitos, especialmente no tocante à aplicabilidade do cotidiano social.

Como será possível ter-se uma certeza inequívoca de que historicamente essa petrificação deverá sempre existir? Sem a realização de experiências, como o jurista poderá fazer evoluírem os direitos e garantias fundamentais protegidos pelo artigo 60, § 4º da Constituição Federal?

Não há êxito científico sem a perturbação do conhecimento. Quanto mais questionamentos o cientista responder, mais significativa será sua teoria.

Fixar, sob direitos fundamentais, uma cláusula de petrificação, e informar ao povo que esta proíbe qualquer desafio de conteúdo, é ditar uma regra autoritária e abusiva, transmitindo ao indivíduo a ideia de que tais direitos estão congelados e não merecem uma maior reflexão.

A Constituição Social não pode ser interpretada desta forma.

Os direitos, sejam fundamentais ou não, necessitam de reflexões e experiências. O verdadeiro cientista é aquele que se move conforme sua imaginação, desafiando o próprio saber. O amor pelas respostas aos constantes questionamentos, tende a aguçar o pensamento crítico e tornar mais significativa e evoluída a teoria realizada.

Como o jurista poderá concluir que a legislação atual é a melhor que se pode produzir, se não submetê-la, integralmente, a perturbações?

Qual é a concepção constitucional de liberdade? O que o Direito defende como igualdade? Qual é a maquete da sociedade livre, justa e solidária pretendida pelo constituinte? O que a Constituição defende como inclusão social?

Tais indagações devem ser vividas pelas pessoas que mais são atingidas na aplicabilidade do Direito: o povo. E cabe ao Estado possibilitar a todos os indivíduos uma condição máxima possível de informação para refletirem e externarem suas próprias correntes sobre os questionamentos mais essenciais do Direito.

Não há uma condição absoluta para direito nenhum. É impossível afirmar que determinados direitos podem ser petrificados em sua amplitude. Apesar de cláusulas pétreas, os direitos e garantias individuais e coletivos devem ser manuseados pelos juristas como regras passiveis de questionamentos.

Apenas para refletir, hipoteticamente, se a legislação brasileira fosse varrida por um inexplicável desastre da natureza, não deixando qualquer rastro nem mesmo do texto constitucional, remontaríamos as mesmas leis de antes? Ou este seria o momento que a sociedade tanto espera para uma revolução?

Vale dizer, o brasileiro, apesar de genial, é um indivíduo culturalmente acomodado, e esse comodismo talvez necessite de uma força suprema, de um impulso do acaso, para ser tomado por um ímpeto de luta, de força social, fortalecedor da democracia propriamente dita, da qual emana o poder do povo de fazer valer a sua vontade real.

Afinal, o cidadão aprova o sistema e as normas em vigor, ou tão somente não possui armas – *ou desconhece as próprias armas por falta de discernimento* – para impor ao Estado uma mudança de comportamento?

CONSTITUIÇÃO ÚTIL E SOLIDARIEDADE

Há um elemento na sociedade, um princípio natural da pessoa humana, que é capaz de relativizar qualquer direito fundamental: a solidariedade.

Diariamente o ser humano anseia por novas possibilidades. Seja buscando uma realização pessoal ou profissional, a pessoa estará sempre à procura da melhor forma para ser feliz.

A felicidade é a principal razão da existência de cada ser humano, e também um direito de todos. É neste sentido que a concepção de proteção humana fundamental deve sempre evoluir e adotar a solidariedade como fonte principal.

Na ordem jurídica, a Constituição é a norma suprema, não havendo como, juridicamente, outra norma a ela se sobrepor. Contudo, na ordem cotidiana do ser humano, a Constituição é tão somente um documento, que de nada servirá se não acompanhar os anseios do povo no respectivo momento histórico em que vier a se encontrar a sociedade.

Quando se fala em Constituição útil, o que se está buscando é a ideia de que somente será fundamental a existência de um sistema constitucional, se este sistema buscar concretude na atualização das relações privadas. Não basta, para a sociedade, um sistema que se limite a aplicar o direito. O cenário atual necessita de um modelo que vise a realizar o direito, e não apenas aplicá-lo na exata forma em que estiver escrito numa determinada norma.

A verdadeira Constituição vai além do texto de 1988, e está inserida num contexto que envolve as vontades sociais, a necessidade de evolução humana e a solidariedade.

Em todo o contexto de constitucionalização de um sistema jurídico, deve haver o predomínio da função político-ideológica da Constituição útil em detrimento da função normativa jurídica.

Um Estado de direito, para ser considerado democrático, necessita de comprometimento com a ideia de *ser solidário.*

E solidário é aquele Estado que se preocupa com a garantia da acessibilidade de todos do povo para com os seus representantes no poder diretivo da nação. Melhor dizendo, do que adianta uma Constituição inclusiva em seu bojo, se o cidadão não a conhece?

Constituição é algo muito maior do que um simples texto promulgado pelo poder constituinte. É um sentimento de igualdade, fraternidade e solidariedade. É uma forma, uma vontade de se constituir uma sociedade justa.

Logo, ainda não se pode chamar com propriedade o texto de 1988 como uma Constituição útil, já que a fórmula, a receita, ainda não foi devidamente apresentada ao povo brasileiro, seus principais destinatários.

Não se trata de uma constatação oriunda de uma complexidade, mas sim de uma verdade óbvia, e tão lógica que traz tamanha desconfiança em relação aos reais interesses do Estado em não proporcionar um aprendizado ao indivíduo sobre seus direitos e os deveres governamentais.

Afinal, qual é o grande obstáculo? O que impede o Estado de inserir no sistema educacional brasileiro o ensino do Direito? Não de toda a ciência do direito, obviamente, mas ao menos dos direitos e garantias fundamentais garantidos pela Constituição. Não há qualquer razão que justifique o Estado não fazer isso, que não a de não ser conveniente que as pessoas saibam de tudo o que precisariam saber sobre a proteção mínima que o Estado é obrigado a lhes garantir.

Se houvesse informação suficiente, o Brasil teria uma Constituição útil e se tornaria um modelo mundial de sistema constitucional. Mas não convém despertar uma população ferida que está em *transe constitucional* há tantos anos.

> Mas a população, um dia, cansada de ver os assuntos nacionais tão mal administrados e pior regidos e que tudo é feito contra sua vontade e os interesses gerais da nação, pode se levantar contra o poder organizado, opondo-lhe sua formidável supremacia, embora desorganizada.
> Tenho demonstrado a relação que guardam entre si as duas constituições de um país: essa *constituição real e efetiva*, integralizada pelos fatores reais do poder que regem a sociedade, e essa outra *constituição escrita*, à qual, para distingui-la da primeira, vamos denominar *folha de papel.* (LASSALLE, 2001, p. 23)

A Constituição, para ser útil, precisa deixar de ser somente um documento, para ser lida e aplicada por pessoas dotadas do verdadeiro sentimento constitucional.

Enquanto o direito tiver de *levantar uma bandeira* pelo respeito aos direitos e garantias fundamentais, as relações humanas e os sistemas político e jurídico do Brasil continuarão rumo a uma trajetória de fracassos e regressos.

Um país, para ser forte, necessita possuir uma educação comprometida com os valores nacionais, uma legislação rígida, porém evoluída e passível de flexibilização, um executivo sério e uma população bem informada e consciente de seus direitos.

Se as pessoas forem informadas, não poderão mais alegar ignorância, terão condições de cobrar do Estado de forma fundamentada a concretude de seus direitos e irão trabalhar por suas garantias.

A ignorância é um mal que aliena o ser humano, protegendo as pessoas fracas de espírito de luta. O protecionismo exacerbado é uma máscara que esconde essa consequência de congelamento do conhecimento humano.

A proteção é necessária, mas o Estado deve, antes de tudo, informar as pessoas sobre o que está sendo protegido, e qual o alcance e razão dessa proteção. Se assim não ocorrer, o direito não irá evoluir, e a sociedade inconscientemente sofrerá o perecimento de suas próprias vontades diante dos abusos de um sistema controlador.

O DIREITO A UM MAIOR DISCERNIMENTO

O comportamento sensorial do ser humano tende a refinar-se conforme as experiências sejam realizadas, pelas quais ocorre uma abstração maior sobre determinado ponto examinado, melhor dizendo, passa-se a selecionar formas adequadas e formas inadequadas de experimentação, de comportamento ou de autocertificação.

Ao realizar experiências, o cientista ou mero observador, além de examinar as diversas possibilidades, poderá também quebrar velhas expectativas para criar novas e mais evoluídas visões sobre o objeto em exame.

Esse conjunto formado por experiências, possibilidades e expectativas, é certamente a fórmula mais viável para se buscar um modelo de sociedade o mais aproximado possível da perfeição.

Contudo, a citada sistemática não é aplicada na relação entre o direito, a Constituição e a sociedade brasileira. No Brasil, o indivíduo está perdendo a si próprio. E o direito está coadunando com essa realidade. Enquanto buscam coisas, as pessoas se esquecem da vida em si.

O contexto social atual e a forma com a qual o Estado intervém nas relações humanas provocam angústia aos empreendedores, uma vez que as pessoas perdem a própria individualidade, agindo sempre em direção e com um respaldo protecionista que, sem saber, a prejudica ainda mais, impedindo que a pessoa reflita sobre sua realidade íntima, sobre o que pode fazer para realizar-se pessoal e profissionalmente. Para muitos, é mais seguro esconder-se debaixo do manto protetor do Estado-pai, do que se lançar às possibilidades.

O progresso é uma necessidade humana, e a forma como o direito do trabalho tem sido interpretado e aplicado em diversas situações concretas está em dissonância com os propósitos da ciência, ocasionando às pessoas uma segurança mentirosa, provocando com que levem uma vida inconsciente, afinal, quem está sendo protegido pelo Estado não o enfrentará. Nada mais conveniente ao Estado do que proteger a grande maioria, que é a massa assalariada.

As pessoas estão vivendo, sem perceber, um momento de alienação de informações. Enquanto as pessoas não forem bem informadas, o Estado controlador terá maior segurança para manter a hegemonia do sistema.

Informar a sociedade é oneroso e arriscado demais. Se o indivíduo for cientificado de seus direitos e garantias, o Estado não mais estará na cômoda situação de controlador das relações humanas, pois passará a ser cobrado por uma rígida pressão popular e terá de responder a perguntas e prestar contas sobre direitos sociais que jamais se esforçou em garanti-los.

Enquanto as pessoas não conhecerem o Direito, falar em democracia será demagogia. Não existe democracia no Brasil. O que existe é uma maliciosa e falsa impressão provocada pelos detentores do poder, que se vestem de governo e ocasionam a desigualdade das relações privadas, não sendo mais tolerável coadunar com o peso dessa conduta do Estado recaindo sobre os trabalhadores, sejam empregados ou empregadores.

Um simples exemplo pode traduzir essa constatação: o voto eleitoral, para significar exercício de democracia, e não uma obrigação imposta pelo sistema controlador, jamais poderia ser obrigatório.

De alguma forma, as pessoas sempre precisarão de algo para se apegar. Não há dificuldade alguma para o Poder Público dizer ao povo o que o povo quer, mas não precisa ouvir. Iludir a sociedade de que os "braços protetores" do Estado resguardam o mínimo necessário para a dignidade humana.

A vida não é tão simples quanto o Estado faz parecer. Mas uma revolução na educação e na informação da população diminuiria o medo e alimentaria a força de vontade do ser humano em transformar a sociedade.

O destino das relações humanas pode, sim, ser entregue nas mãos das pessoas de discernimento, mas é preciso que os governados também tenham condições de discernimento. A verdade do Direito não é aquela ditada pelo Poder Público, não é a ideia de que o Estado tudo pode e irá proteger os direitos fundamentais, porque se assim o fizesse, não haveria tantas violações.

O Brasil apresenta um cenário atual, no qual a grande maioria dos trabalhadores ouve as verdades do mundo pelas palavras pré-escolhidas de um telejornal, não possuindo condições de valorarem o grau de confiabilidade ou credibilidade do que está lhes sendo dito.

Não há paridade de armas entre o governo e os governados. Não há condições de reivindicações coerentes, pois o Estado não propicia nem ao menos às escolas públicas a possibilidade de os estudantes conhecerem seus direitos e a forma pela qual podem buscar o seu exercício efetivo.

Uma democracia, uma sociedade livre, justa e solidária não existe se seus integrantes desconhecem o Direito como ciência social.

Não é preciso ser grande entendedor das coisas para registrar a espera que vive a humanidade. Há uma perspectiva, uma esperança que se aparenta perpétua, de que as coisas ainda serão melhores, de que ainda pode ser conquistada uma existência digna para todos do povo. Inconscientemente, todos estão no anseio de um espaço, de uma oportunidade para fazer acontecer, porém, vivem uma espera calada, sem armas intelectuais para agir.

A constatação é tão óbvia que a conclusão não pode ser outra que não a de que o Estado, propositadamente, não informa às pessoas sobre a verdadeira e mais profunda essência do Direito.

A inquietação do ser humano é a chave das maiores revoluções historicamente ocorridas.

O indivíduo é um ser inquietante em potencial, internamente esperando por uma razão ou força que o leve a perturbar o próprio conhecimento e a ativar sua vontade de tornar possível a formação de uma sociedade justa.

Esse fator inquietante é um dilema, mas que eleva ao mais alto grau de certeza a ideia de que sua solução está na informação das pessoas.

Certamente, o indivíduo bem informado saberá se defender melhor e tomar o caminho de sua vida independentemente da intervenção estatal, a qual servirá apenas em situações extremas de violação a direitos humanos inflexíveis, e não a todo e qualquer direito fundamental.

Porém, o que se promove no presente trabalho, é uma quebra de costume jurídico, é uma revolução na interpretação e aplicação dos direitos fundamentais nas relações privadas em prol da evolução do ser humano, sempre em busca de uma sociedade que, um dia, venha a não mais precisar do Direito, por mais utópica que seja esta busca. E quando se tenta quebrar um dogma, criando-se um novo paradigma, a primeira reação dos receptores da ideia é o pessimismo e por muitas vezes a repulsa.

Mas é da realização de experiências que a ciência vem descobrindo as suas respostas mais importantes e benéficas para a vida humana.

A descoberta dos talentos e potenciais humanos é tão importante quanto as descobertas dos mistérios da natureza. É preciso explorar as capacidades humanas, demonstrando às pessoas o quanto a autoestima pode transformar a sociedade, capacitando o povo para um desapego do "mínimo garantido pelo Estado", que nada mais é do que uma ferramenta de mantenimento de um sistema manipulador e controlador.

Os brasileiros são culturalmente conhecidos como pessoas criativas, espontâneas e que driblam as dificuldades do dia a dia. Logo, não há como deixar de desejar e imaginar essas pessoas geniais conhecendo o Direito. Que tipos de transformações não serão capazes de realizar?

Uma ciência existe porque há algo para ser estudado, para ser observado, um objeto sobre o qual recairão as mais diversas experiências científicas. E para a ciência jurídica não é diferente. O direito é uma ciência que nasce das relações humanas para disciplinar a vida em sociedade, logo, cabe ao cientista jurídico – intérprete, criador ou aplicador –, a tarefa de submeter a sociedade à experiências, visando a evolução não só ciência, mas principalmente de seu objeto, as relações humanas.

A ciência deve sempre buscar operar milagres. E o milagre da ciência jurídica é a conquista de uma sociedade que não mais precise de normas para ser justa. A solidariedade é uma virtude inerente do ser humano. Basta cultivá-la.

As pessoas não irão cultivar solidariedade enquanto não conhecerem, a fundo, os direitos e garantias fundamentais.

Veja-se, por exemplo, a revolução que ocorreu na concretização dos direitos dos consumidores, quando a população passou a receber informação sobre tais direitos.

Após a entrada em vigor da Lei 8.078, de 11 de setembro de 1990, que instituiu o Código de Defesa do Consumidor, o indivíduo tornou-se mais exigente e orgulhoso com relação aos seus direitos como consumidor. Não são poucas as ocasiões em que se depara com manifestações populares declarando os direitos do consumidor, nos quais é possível constatar a força que uma proteção juridicamente garantida recebe quando os membros da sociedade possuem a exata noção do que significa um direito fundamental.

Atualmente, as pessoas invocam diariamente a lei consumerista. O trabalho apresentado pelo legislativo trouxe segurança aos consumidores, efetividade a direitos fundamentais inerentes à espécie e obrigações ao mercado concorrencial diante dos destinatários finais dos produtos.

Mas há de se questionar: por que o Estado não faz a mesma campanha com os seus próprios deveres? Afinal, com o Código de Defesa do Consumidor, o governo trouxe mais concretude nas relações de consumo, leia-se, relações privadas. Mais uma vez as atenções ficaram voltadas para os negócios da vida privada civil.

Nota-se que com o advento da proteção ao consumidor, as pessoas não mais necessitam de que o Estado lhes diga que os consumidores possuem direitos, pois tal fato tornou-se notório para todos do povo. Assim, deve ocorrer também com a Constituição. É preciso que os direitos essenciais para a vida estejam no conhecimento das pessoas, para que se possa falar em Constituição útil e solidária.

> Onde a Constituição reflete os fatores reais e efetivos do poder, não pode existir um partido político que tenha por lema o respeito à Constituição, porque ela já é respeitada, é invulnerável. Mau sinal quando esse grito repercute no país, pois isto demonstra que na constituição *escrita* há qualquer coisa que não reflete a constituição *real*, os fatores reais do poder.
>
> E se isto acontecer, se esse divórcio existir, a constituição escrita está liquidada: não existe Deus nem força capaz de salvá-la. (LASSALLE, 2001, p. 39)

Para que não ocorra o divórcio entre a Constituição escrita e a Constituição útil, o caminho que a humanidade deve percorrer é o da informação.

Vetor principal para o discernimento, a educação brasileira está carente. O sistema educacional atual promove quem já nasce promovido. E aqueles que mais necessitam de saber como se proteger, são convidados a aceitar uma posição de hipossuficientes perante os mais afortunados, e a procurarem abrigo no *manto protetor do Estado* que supostamente deverá lhes garantir o mínimo necessário.

E é justamente esse outro ponto que merece um ataque científico. Um sistema que se diz democrático de direito não poderia, jamais, defender uma absurdamente cômoda noção de proteção mínima essencial. Ora, a obrigação do Estado não é garantir um *mínimo* para a vida, mas sim buscar uma proteção *máxima possível.*

Cria-se um cenário caótico, no qual a pessoa não pode cobrar do governo a máxima proteção que o ente público puder oferecer, mas sim tão somente um mínimo irrenunciável. Afinal, a proteção pretendida pelo legislador constituinte foi tão mínima assim? Ou será que essa é a ideia que está sendo vendida, e o povo somente a está comprando por que não possui discernimento constitucional? Neste caso, seria então por isso que os direitos e garantias fundamentais não fazem parte integrante das grades curriculares do sistema educacional brasileiro?

Toda produção científica que vise a apresentação de um ponto de vista sobre algo, inquestionavelmente necessita de uma abordagem central sobre a problemática em exame, porém, é de boa estratégia argumentativa a exploração do tema sob outras vertentes.

Ao discutir uma flexibilização, uma revisão dos valores e direitos sociais, pretendendo esclarecer que a proteção ao trabalhador, quando aplicada de forma extrema, pode ocasionar um retrocesso à evolução das relações humanas. Surge então a possibilidade e relevância de se debruçar alguns esforços diante dessa mesma concepção acerca de outros direitos fundamentais.

Se o direito é uma ciência que nasce das relações humanas, para disciplinar a vida, certamente que se houver a possibilidade de concluir que em algumas circunstâncias até mesmo o direito à vida pode ser flexibilizado, o que dizer então quanto aos direitos sociais?

Melhor dizendo, se a pessoa puder renunciar ou ao menos deixar de exercer algum direito inerente à proteção de sua própria vida, certamente que os direitos sociais, até por serem inferiores ao direito à vida, possuirão uma margem de flexibilização ainda maior.

Possuímos uma Constituição utópica, no sentido de ser insaciável, que visa a garantia de uma proteção mínima ao indivíduo.

Não há como deixar de reconhecer os méritos do texto fundamental de 1988 no tocante à contemplação dos direitos e garantias essenciais para a vida humana, porém, a exemplo do que foi anteriormente debatido em torno do sistema capitalista, novamente tem-se que uma concepção prévia de um sistema foi adulterada pelo impacto humano.

Quando a Constituição fala em dignidade, igualdade, fraternidade, liberdades, enfim, todos os objetivos, direitos e princípios fundamentais, não está pretendendo lançar-se como um guia para a vida, mas tão somente assegurar que o cidadão possa desfrutar das oportunidades de conduzir sua própria existência de forma autônoma, sendo que, havendo alguma perturbação da qual o mesmo não estava ciente de que ocorreria, poderá socorrer-se na concretização de seus direitos por meio da Carta Política.

Daí extrai-se que o direito deve sempre buscar ensinar o ser humano a viver sem necessitar da Constituição, uma vez que esta tem de ser apenas uma válvula de proteção para quando a pessoa sentir-se acuada, quando for lesada de forma abusiva, e não para qualquer decisão que for adotar em sua existência, especialmente no campo das relações privadas.

Por mais utópico que seja a busca de uma sociedade que não precise do direito, é este o caminho que a ciência jurídica deve percorrer. Quando se busca a perfeição, pode-se nunca alcançá-la, mas certamente chega-se o mais próximo possível.

A regra de que o Estado deve garantir o mínimo de bem-estar e dignidade não é suficiente para a busca do bem comum. Isso não é buscar uma existência perfeita. A sociedade tem de impor ao Estado a regra de que deve ele aplicar-se em buscar o máximo de bem-estar e dignidade, ao invés de tão somente garantir um mínimo.

A cada momento histórico, os direitos fundamentais indicam o que o cidadão espera do poder público.

E já é possível compreender que a sociedade necessita de um novo desafio, de uma evolução nas relações humanas, visando a conquista de uma convivência que desenvolva as capacidades individuais em atender às demandas e necessidades coletivas.

De nada adianta a lei ditar um protecionismo ao trabalhador, se não esclarecer, ao mesmo tempo, que o indivíduo deve pretender a construção de uma autoproteção que o torne independente perante o Estado.

Repita-se, o Estado deve buscar o máximo de proteção, e, na pior das hipóteses, garantir o mínimo. Mas quando se fala em buscar o máximo, a pretensão do direito deve ser a de estudar as relações humanas e aplicar regras e princípios que visem ensinar o indivíduo a respeitar o próximo, independentemente da existência ou não de uma lei. A pessoa deve deixar de fazer certas coisas porque possui senso de solidariedade e respeito, e não porque o direito protecionista assim determina.

Garantir o máximo é buscar, a todo e qualquer tempo, possibilitar uma proteção que impulsione o ser humano a uma evolução. É pretender o surgimento de novas possibilidades e oportunidades, afinal, a felicidade é oriunda das oportunidades bem-sucedidas.

O ser humano possui o direito a ter possibilidades. Por isso, deve ser garantido o gozo livre das oportunidades que lhe são oferecidas pelo dia a dia. É preciso incentivar as pessoas a estarem sempre buscando novas e melhores possibilidades de vida, o que, por muitas vezes, pode sim levar a uma flexibilização e colisão de direitos fundamentais.

Até porque, por mais que a pessoa esteja sempre em conexão com suas maiores e mais sinceras ambições, em todo ser humano nunca deixará de existir uma compreensão de responsabilidade. Por isso, em certas ocasiões, o direito deve permitir que o indivíduo se aventure e se lance às possibilidades.

As ciências, sejam quais forem, necessitam das experiências para serem aprimoradas em sua eficiência e aplicação. No âmbito social, quanto mais a ciência conseguir fazer com que o indivíduo tome suas decisões de forma dissociada com a ideia de que se cometer algum deslize, o Estado lhe acolherá, certamente que suas decisões serão tomadas com muito mais cautela e inteligência.

> Aquele que deixa o mundo, ou a parte do mundo a que pertence, escolher o seu plano de vida em seu lugar, não necessita de nenhuma faculdade a mais da limitação simiesca. Aquele que escolhe por si o próprio plano, emprega todas as suas faculdades. Deve usar a observação para ver, o raciocínio e o juízo para prever, a atividade para colher materiais de decisão, a discriminação para decidir, e, quando há decidido, a firmeza e o autocontrole para se conservar fiel à decisão deliberada. E essas qualidades, ele as requer e exercita na proporção exata em que é ampla a parte de sua conduta determinada de acordo com o próprio juízo e sentimento. Talvez sem qualquer dessas coisas pudesse ele tomar por algum bom caminho e afastar-se da estrada do mal. Qual, porém, seria, então, o seu valor como ser humano? Realmente, importa não só o que é feito, mas também quem o faz. (MILL, 1991, p. 100)

As relações sociais necessitam de toda a autonomia possível, devendo haver uma garantia máxima de que essa faculdade será exercida de forma justa. E o protecionismo social não é o caminho para se atingir essa conquista. A proteção deve existir, mas não pode prevalecer de forma tão absoluta a ponto de possibilitar ao Estado uma intervenção na própria vontade do ser humano.

É preciso que o direito inicie uma fase de experiências.

No campo da inclusão social, por exemplo, vale refletir que uma exclusão que não traga privilégios ao excludente, não é oriunda de um pensamento de crueldade, sendo assim, é suscetível de ser submetida à experiências sociais, visando a uma evolução. Já a exclusão que traga privilégios (econômicos, por exemplo), essa sim deve ser banida das relações humanas.

Por muitas vezes, pode-se estar diante de uma situação fática em que por mais que a pessoa, tendo plena consciência de um direito, prefira renunciá-lo, tão somente naquele momento específico, por ser mais conveniente e vantajoso, mas, ainda assim, o Estado intervém e impossibilita a concretização de uma relação privada entre pessoas com todo o discernimento necessário, que muito mais se beneficiariam com a momentânea renúncia ao determinado direito.

O que se poderia argumentar em contrapartida é o fato de que determinados precedentes não podem ser criados, e que, por muitas ocasiões, a sociedade é mais vítima do que o próprio indivíduo que está renunciando a um direito.

Contudo, vale analisar, afinal, quais são os limites da autoridade da sociedade sobre o indivíduo?

> Qual, então, o justo limite à soberania do indivíduo sobre si próprio? Onde começa a autoridade da sociedade? Quanto da vida humana se deve atribuir à individualidade, quanto à sociedade?
>
> Cada uma delas receberá o próprio quinhão, se cada uma tiver aquilo que mais particularmente lhe diz respeito. À individualidade deve pertencer a parte da vida na qual o indivíduo é o principal interessado, à sociedade a que à sociedade primacialmente interessa. (MILL, 1991, p. 117)

A justiça social que a ciência jurídica deve almejar não poderia, jamais, conceder ao Estado um poder controlador tão intervencionista nas relações humanas.

Cada indivíduo deve ter ao menos a chance de se entender socialmente, de se modelar como sujeito satisfeito e conhecedor de suas próprias faculdades e capacidades humanas.

A vida humana na iminência da morte

Às vezes, a vida ensina às pessoas que o direito pode não lhes fazer tão bem assim. E por muitas ocasiões, pode até fazer mal e causar sofrimento.

Tomemos, por exemplo, a seguinte situação: uma pessoa, portadora de uma moléstia em estado terminal ou que esteja em situação mórbida, sabendo que para estender seu tempo de vida, ou melhor, para mantê-la com seus órgãos vitais em funcionamento, necessita passar por um procedimento inútil para sua cura, e que lhe trará ainda mais sofrimento, prefere não se submeter a tal tratamento e pede aos médicos que lhe deixem ir embora para sua casa e ter seus últimos dias junta de sua família.

Pois bem, em resposta, essa pessoa ouvirá que o direito proíbe a ortotanásia, e que, por isso, ela não pode deixar de receber o tratamento, em vislumbre ao que tem sido interpretado pelo Supremo Tribunal Federal como proteção à vida e à dignidade humana.

Tem-se, então, que o direito brasileiro atual aplica-se na ideia de que a ortotanásia seria um crime contra a vida e que atenta à dignidade da pessoa humana.

Contudo, submeter a pessoa a tratamentos que em nada resultem, e tão somente prolonguem uma agonia, não é atentar muito mais contra a sua dignidade? A melhor concepção, não seria a de permitir à pessoa escolher se pretende morrer naturalmente ou após os medicamentos ou tratamentos médicos, já não lhe puderem manter em funcionamento vital? O melhor saber da vida responde sim a essa última indagação.

É nesse sentido que a autonomia do ser humano, por muitas ocasiões, é tratada de forma parasita pelo direito, o qual acaba causando, em situações como a do exemplo acima, uma morte lenta e muito mais indigna e dolorosa do que seria se a pessoa pudesse desligar os aparelhos que enganam seus órgãos e deixar-se atingir pela morte inevitável, porém, ao lado de sua família e no conforto de sua casa. Mas para o direito, essa morte é indigna a partir do momento em que proíbe a ortotanásia.

O Conselho Federal de Medicina, em 28 de novembro de 2006, publicou a Resolução n.º 1.805/2006, na qual estaria sendo autorizada a prática da ortotanásia. A ementa da resolução informa o seguinte:

> Na fase terminal de enfermidades graves e incuráveis é permitido ao médico limitar ou suspender procedimentos e tratamentos que prolonguem a vida do doente, garantindo-lhe os cuidados necessários para aliviar os sintomas que levam ao sofrimento, na perspectiva de uma assistência integral, respeitada a vontade do paciente ou de seu representante legal.

Porém, a resolução está com sua vigência suspensa, devido a uma decisão liminar proferida em uma Ação Civil Pública promovida pelo Ministério Público Federal, cujo mérito não será aqui tratado, por não ser o objeto deste ensaio científico.

O que se pretende demonstrar é que até mesmo os profissionais da saúde, por meio de seu Conselho Federal, já demonstram uma impaciência com a falta de evolução do direito, o qual, ao proibir a ortotanásia, ao invés de proteger a dignidade da pessoa humana, está atentando contra ela e congelando a capacidade da pessoa de decidir sobre usa própria vida.

Os médicos vivenciam graves situações diariamente, nas quais o indivíduo e seus familiares possuem plena consciência de que o sofrimento seria menor sem a aparelhagem médica, possibilitando à pessoa, não a interrupção de sua vida, mas o não prolongamento de sua dor e agonia.

A questão é tão clara, que até mesmo a igreja católica, que normalmente se manifesta contrária a ações que atentem contra a vida, como o abortamento, a eutanásia e a pena de morte, deliberou a favor da ortotanásia.

O posicionamento da igreja é o de que o paciente possui direito a uma morte tranquila, e em vez de prolongar sua vida por poucos dias, em internação médica, respirando com tubos e aparelhos, e sozinho, sua dignidade estará muito mais garantida junto de sua família, recebendo apenas remédios contra a dor e sedação.

Seria uma espécie de humanização da fase final da vida da pessoa.

Na Itália, houve o caso de um paciente, Piergiorgio Welby, acometido de uma distrofia muscular que lhe causou paralisia, e que faleceu após seu médico ter desligado os aparelhos que o mantinham em funcionamento vital. A Justiça italiana considerou que os médicos eram legalmente obrigados a tentar ressuscitar o paciente.

> Um paciente italiano em estado terminal, que perdeu uma batalha jurídica pelo direito de se submeter à eutanásia, morreu depois de seu médico ter desligado a máquina que o mantinha vivo.
>
> O médico Mario Riccio afirmou que cumpriu o direito legal do paciente de se recusar a ser submetido a tratamento e negou que o caso constitua eutanásia.
>
> O paciente Piergiorgio Welby, de 60 anos, ficou paralisado por uma distrofia muscular e seu estado de saúde piorou nas últimas semanas.
>
> O apelo de Welby pelo direito de morrer despertou um grande debate e representou um marco para a Justiça da Itália, país tradicionalmente lembrado por sua maioria católica e onde a eutanásia é ilegal.
>
> Consciência
>
> "Em hospitais italianos, terapias são suspensas a todo momento, e isso não causa nenhuma intervenção dos magis-

> trados ou problemas de consciência", disse Riccio, após a morte do paciente.
> "Isso não deve ser confundido com eutanásia. É uma suspensão de terapias", acrescentou o médico, em Roma. "Recusar tratamento é um direito."
> Welby estava ligado a um respirador artificial nos últimos seis meses e era alimentado por um tubo para permanecer vivo.
> O paciente se comunicava por meio de um computador que identificava os movimentos de seus olhos.
> No sábado, um juiz decidiu que, apesar de Welby ter o direito constitucional de ter desligada a máquina que o mantinha vivo, os médicos eram legalmente obrigados a tentar ressuscitá-lo. (BBCBrasil.com, 21 dez. 2006)

É preciso mudar. A defesa que se faz não é a de permitir aos médicos a faculdade de desligar aparelhos ou interromper tratamentos, mas, sim, a de possibilitar ao paciente, ou, na ausência de discernimento deste, à sua família, a opção pelo tratamento ou pela morte natural.

Proteger a vida não é evitar a morte, mas sim garantir que o ser humano tenha dignidade desde o início ao fim de sua existência.

Da igualdade

Os direitos fundamentais estão sempre sujeitos à experiências e devem a elas serem submetidos, sob pena de tornarem-se um mecanismo de regresso para o desenvolvimento humano.

Observe-se, por exemplo, sob a ótica do princípio da igualdade no tocante ao racismo.

É preciso entender que não existem raças, o que existe é o racismo e o preconceito racial. Racismo designa na diferenciação entre seres humanos por etnias, cor de pele, ou outros aspectos de distinção. Preconceito racial é a conduta em que, além de diferenciar pessoas, cria-se repudia a determinados grupos.

Mas o preconceito também está presente em grandes proporções em relação a classes sociais, a doutrinas religiosas e outras esferas da vida humana.

O que causa extrema preocupação são as ações afirmativas que, ao invés de proporcionarem a inclusão social das vítimas do preconceito, acabam por agravarem os quadros do racismo.

Veja-se o que ocorre com a chamada política de cotas para negros.

Ao estipular tal ação, o Estado coaduna com o posicionamento de que os negros são uma camada desfavorecida socialmente. Está certo, talvez a grande maioria da população negra esteja em posição desvantajosa, mas muitas pessoas, independentemente da cor da pele, estão em mesma ou mais gravosa situação.

Uma política de inclusão de minorias seria a de estipular uma reserva de cotas para pessoas de baixa renda, e não para os negros. Afinal, nem toda pessoa de classe baixa é negra, e nem todo negro está na classe baixa.

A política de cotas não proporcionou a diminuição da autodiferenciação que os próprios negros possuem devido a um trauma ocasionado pelo preconceito histórico.

Nas ruas, diariamente é possível deparar-se com pessoas vestindo camisetas com estampas "100% negro". Tal comercialização deveria ser legalmente proibida. Nem mesmo pela liberdade de expressão é possível defender coerentemente a venda desses produtos.

Ora, o limite da liberdade de expressão está no momento em que a expressão ataca a igualdade. Esta deve se sobrepor.

As ações afirmativas de inclusão que o direito deve providenciar seriam posições que caminham para o *slogan* do

"100% humano" ou "100% dignidade", e a reserva de cotas para a classe baixa, para os atingidos pela miséria, e não somente para os negros. Pessoas de diversas etnias sofrem pela falta de amparo e recursos, e perecem diante da fome, da violência e do descaso com o qual são tratadas. Não são somente os negros que passam por isso.

Os protestos mundiais humanistas buscam sempre sensibilizar as nações de que há miséria e violência no mundo todo.

Inclusive a fome, a miséria, a violência e todos os outros graves problemas do mundo existem desde o início da sociedade e desde as primeiras noções de direitos humanos, tais males vêm sendo discutidos e combatidos, porém, ainda existem e se agravam. Logo, nessa luta, a humanidade sempre falhou? Quer se crer que não.

Todos devem ser ouvidos. Pessoas pedem ajuda e esperam por socorro todos os dias. As ações afirmativas devem socorrer primeiramente a miséria e a vida.

Neste sentido é que já não se pode mais admitir que os direitos sociais apliquem-se a esse protecionismo extremo com relação aos trabalhadores, especialmente quando se tratar de pessoas com discernimento necessário para dispor de determinadas proteções, por destas não mais necessitar, e por, inclusive, lhes ser mais conveniente não gozar dessas proteções.

Como bem se pôde ver nessas linhas, há situações de flexibilização para todo e qualquer direito fundamental. Até mesmo para o direito à vida. O que dizer, então, dos direitos sociais?

UMA REELABORAÇÃO DE VALORES À LUZ DOS DIREITOS SOCIAIS

Embora as questões debatidas no capítulo anterior provoquem o ímpeto científico e acadêmico, cabe deixá-las para um outro momento e retornar ao ponto de concentração proposto neste trabalho.

Como bem já se viu, o direito social protecionista é fruto da história vivida pela humanidade nas relações privadas. Certamente que a submissão das classes operárias a condições vexatórias de trabalho originou um trauma para a vida social, o que acarretou a necessidade de um maior comprometimento dos operadores e intérpretes do direito.

Assim como os empregadores são os principais prejudicados pelo protecionismo exacerbado, deve sempre ser lembrado que a tendência protetora existe justamente em decorrência de atos históricos de barbárie praticados pelos próprios entes patronais contra seus empregados.

Todavia, os tempos mudaram, e a educação humana evoluiu, não o suficiente para os direitos fundamentais tornarem-se renunciáveis, mas, ao menos o bastante para que possam ser considerados flexíveis diante de determinadas situações concretas.

Veja-se, por exemplo, o que ocorre com as liberdades humanas. Historicamente, as liberdades sofrem mutações em decorrência dos costumes e regras ditadas pelo direito. Muito facilmente a solução dada em uma época a um problema, é distinta da solução dada em outra época, vez que as regras são alteradas constantemente e os costumes se modificam conforme o ser humano evolui ou regride.

Se a violência patronal aos direitos fundamentais dos trabalhadores configura violação aos objetivos fundamentais do Direito, também o protecionismo demasiado acarreta um risco de retrocesso aos direitos sociais. Logo, deve haver um ponto de equilíbrio, o que não têm ocorrido na aplicação e interpretação do direito nos casos concretos.

Na medida em que os meios humanos se desenvolvem, o mercado torna-se cada vez mais agressivo, proporcionando diversas novas espécies de relações de trabalho, não sendo crível que se analise as situações concretas deixando de considerar o cenário econômico pelo qual passa o país, porém, diariamente o judiciário trabalhista promove a produção de sentenças carentes de consciência evolutiva, faltantes no tocante ao aspecto da autonomia negocial, a qual por diversas ocasiões produz maior benefício ao obreiro do que um direito fundamental que o mesmo tenha de eventualmente renunciar.

Além disso, a existência de um direito demasiadamente protetor tende a desmotivar as pessoas ao exercício da livre iniciativa, evitando, assim, que o ser humano se aplique em seu próprio empreendimento, devido ao medo de sofrer prejuízos injustos por decisões de magistrados viciados pela interpretação apelativa do que dizem as leis trabalhistas.

A legislação trabalhista já é protecionista o suficiente, cabendo ao intérprete e aplicador da norma ao caso concreto, a sua flexibilização.

Obviamente que os trabalhadores merecem uma proteção especial, contudo, isso não pode significar dizer que serão vistos pela lei como pessoas incapazes de gerirem suas próprias relações privadas.

Em algumas ocasiões, torna-se plenamente plausível realizar uma revisão da interpretação e forma de aplicação da norma.

Tome-se, por exemplo, uma situação em que um advogado, ou bacharel em Direito, promove uma reclamação trabalhista contra determinada empresa, alegando que embora tenha assinado um contrato de prestador de serviços jurídicos, a relação fatídica era de emprego e, por isso, pleiteia o reconhecimento de vínculo empregatício.

Devido à diversos princípios protecionistas, a grande maioria dos juízes julgariam a mencionada reclamação procedente, mas já há, no judiciário brasileiro, magistrados que julguem de forma contrária.

Ora, o advogado ou o bacharel são pessoas intelectualmente diferenciadas no tocante ao Direito, e enquadrá-los no regime de trabalho previsto na Consolidação das Leis do Trabalho, quando conscientemente assinaram um contrato de prestadores de serviços, é equipará-los à condição de trabalhadores braçais, sem instrução suficiente para saberem o que estavam assinando.

O reclamante da hipotética ação estaria se valendo de um sistema falho para obter vantagens que não possui, vez que certamente está tratando a si mesmo como uma pessoa sem discernimento sobre seus direitos, contudo, o profissional jurídico não pode alegar ignorância daquilo que lhe é inerente.

Muitos magistrados diriam que apesar de se tratar de um profissional altamente qualificado, seriam devidos ao reclamante os direitos empregatícios, vez que são irrenunciáveis e estavam presentes requisitos de subordinação.

Mas não é o que se deve esperar da justiça. Se a pessoa é dotada de discernimento quanto aos seus direitos, e, no caso exemplificado, discernimento técnico proporcionado por curso superior, esse indivíduo vir a juízo pleiteando conversão de prestação de serviços para vínculo de emprego é uma conduta que deve ser analisada com extremo cuidado e, na maioria dos casos, deve ser repelida pelo julgador.

Além disso, até mesmo para proteger e garantir mercado aos profissionais do direito que trabalham honestamente em suas funções liberais, uma decisão em sentido contrário estaria desestimulando a contratação de profissionais prestadores de serviços jurídicos e tornariam mais conveniente que as empresas privadas não mais realizassem tal contratação.

A justiça deve encorajar e valorizar a prestação de serviços quando se tratar de um ramo profissional qualificado, no qual o trabalhador possua pleno conhecimento sobre seus direitos, garantias e obrigações, e não interpretar friamente a lei, aplicando-a a qualquer caso que seja, independentemente de peculiaridades, sob pena de estar burocratizando e obstando a evolução das relações humanas.

Certamente, se o judiciário comprometer-se cada vez mais com a argumentação e discurso de suas decisões, maior será o progresso da justiça.

Além disso, o jurista, quando for interpretar o Direito, deve fazê-lo como se fosse um Juiz – e não um mero observador. Ao analisar questões e situações concretas, o cientista jurídico tem de estudar e aplicar o Direito como ele deveria ser, e não como ele é. Essa sim é uma efetiva leitura da função do direito na sociedade, sempre buscando aprimorar o alcance da ciência em relação ao primordial objetivo de estabelecer uma convivência solidária entre os povos.

No direito nada é tão certo ou absoluto, salvo o fato de que se trata de uma ciência que provoca o intérprete a buscar argumentos, fundamentos e soluções. É uma ciência que desperta polêmicas e divide opiniões.

Em toda argumentação jurídica, os elementos da democracia devem estar presentes, e como a cada momento histórico a sociedade apresenta novas necessidades aos direitos fundamentais, surge ao aplicador e intérprete do direito a tarefa de decifrar quais são e buscar atendê-las, aproximando-se ao máximo do melhor e mais justo resultado que o direito puder produzir.

Assim, conforme as situações ocorram, distintas soluções podem advir, sem que necessariamente uma seja mais ou menos correta que a outra.

Em determinados casos, a depender do discernimento das pessoas envolvidas, enfim, das peculiaridades do momento e da situação concreta, pode haver uma flexibilização maior ou menor de direitos.

Conforme já demonstrado, o que se pretende não é dizer que a irrenunciabilidade deva ser excluída do sistema, muito pelo contrário, deve ser mais explorada, sendo submetida a questionamentos, a perturbações de saber.

Se nada é tão absoluto, é preciso entender que, como no caso do profissional do direito, anteriormente citado, no cotidiano das relações privadas podem vir a sucederem situações inimagináveis, o que demanda afirmar que na interpretação do direito, não há "uma" resposta correta, mas sim "a" resposta correta *para cada caso*.

> Na medida em que o caso concreto é irrepetível, a resposta é, simplesmente, uma (concreta ou não) para aquele caso. A única resposta acarretaria uma totalidade, em que aquilo que sempre fica de fora de nossa compreensão seria eliminado. O que sobra, o não dito, o ainda não compreendido, é o que pode gerar, na próxima resposta a um caso idêntico, uma resposta diferente da anterior. Portanto, não será a única resposta; será, sim, "a" resposta. (STRECK, 2006, p. 213)

Tais críticas se fazem pela ausência de argumentação jurídica em algumas decisões do judiciário, demonstrando notório desapego à efetividade de uma Constituição útil, vez que a grande maioria trata de forma idêntica uma relação de emprego mantida por um trabalhador sem escolaridade e outra mantida por um trabalhador com curso superior.

E não é apenas com relação ao profissional do direito, mas no tocante a qualquer relação de trabalho em que se possa vislumbrar questões flexíveis em prol de um maior comprometimento do jurista com a efetividade dos direitos sociais.

Citando mais uma situação hipotética, suponha que uma escola, com problemas financeiros, tome a decisão de terceirizar os serviços de limpeza, visando, assim, uma redução de custos.

Ao contratar a empresa prestadora de serviços, a escola, tomadora de serviços, solicita que a terceirizada mantenha os mesmos funcionários que já praticavam a limpeza no estabelecimento escolar, a fim de manter os empregos das pessoas que ali já estavam trabalhando, o que é aceito pela prestadora.

Porém, a escola deixa de realizar o pagamento das verbas rescisórias dos funcionários que passaram a ser empregados da terceirizada e, por isso, os mesmos promovem uma reclamação trabalhista pleiteando o recebimento dos haveres pela rescisão e responsabilidade subsidiária da prestadora de serviços devido à sucessão de empregadores.

Veja-se, então, que a prestadora de serviços, por ter contratado os funcionários que já estavam trabalhando na escola tomadora de serviços, e simplesmente, até então, ignorava a existência da própria escola e das pessoas que contratou, passou a ser considerada, por alguns magistrados adeptos ao positivismo radical, como responsável subsidiária ou até mesmo solidária por um contrato de trabalho que ocorreu anteriormente à sua contratação como terceirizada.

De fato, pela letra da lei e tendência da jurisprudência, o mais conveniente para a empresa prestadora de serviços seria ter deixado os funcionários de limpeza da escola caírem no desemprego e ter contratado novos empregados, assim, não teria risco de responsabilização por um contrato de emprego do qual não participou.

Logo, detecta-se no caso citado uma situação em que uma regra de *proteção* do trabalhador torna mais viável para a empresa prestadora de serviços deixar que aqueles trabalhadores percam seus empregos.

Será que essa é a atuação que a sociedade espera do judiciário em relação aos direitos fundamentais?

Em busca de uma vida plena e melhores posições sociais, o ser humano guarda consigo um sentimento de carência, de falta de meios para resolver seus problemas.

O cidadão é dotado de uma vontade natural de resolver seus problemas, mas o faz adequando as circunstâncias do mundo exterior às suas possibilidades pessoais.

Se o indivíduo puder buscar maiores meios de conquistar suas aspirações, independentemente de intervenção estatal, certamente que o cenário social se transformará.

Ou seja, o que as pessoas esperam dos direitos fundamentais é que não haja uma necessidade de procurar abrigo no mínimo oferecido pelo Estado, e sim que possam saber como resolver seus problemas com suas próprias forças, conhecendo seus direitos e fazendo-os serem respeitados, não apenas pela sociedade, mas também pelos governantes.

O direito deve rumar para uma situação em que a vontade do ser humano possa ser expressada com toda a coerência possível, estando resguardada pela lei. Para tanto, necessária se faz a promoção de um maior discernimento ao cidadão, desde o início de sua preparação para a vida.

DIREITO À EDUCAÇÃO

Educação

Diferentemente dos outros seres vivos, o ser humano possui racionalidade e constitui condições de conviver em sociedade, sendo dotado de diversas vocações capazes de transformarem o ambiente em que vive.

Quando o indivíduo exercita suas faculdades mentais, sua presença no mundo torna-se ativa, motivo pelo qual cada pessoa realiza sua própria história de vida.

Desde o seu nascimento, o indivíduo desenvolve uma capacidade de aprender a vida. E essa atividade pela qual se aprende a viver está inserida no contexto de educação em sentido amplo.

Fala-se em *sentido amplo* porque várias são as vertentes que a educação humana pode alcançar, desde o mínimo saber trazido pela própria trajetória de relações humanas até o mais alto grau de intelecto científico.

Ter acesso à educação em sentido amplo é ter a oportunidade de explorar a si mesmo, procurando conhecer os dons e defeitos inerentes à sua própria essência.

> A educação é um direito social, tendo como finalidade o pleno desenvolvimento do educando, seu preparo para o exercício da cidadania e sua qualificação para o trabalho, só podendo ser reconhecida como boa qualidade quando garantir ao aluno o direito de "aprender a conhecer, aprender a fazer, aprender a viver junto e aprender a ser". (ATIQUE, 2006, p. 198)

A educação é um processo no qual o indivíduo irá aplicar-se, naturalmente, para sua integração na comunidade em que vive, a fim de possuir condições de atuar em sociedade e buscar seus ideais.

Para tanto, deve-se considerar a pessoa em todos os planos existenciais, e relevando, sempre, tratar-se de um ser consciente de suas capacidades e limitações, e passível de realizar reflexões quanto às coisas do mundo que o envolve.

É preciso que o indivíduo conheça o seu papel de transformação social e que tenha a intenção de superar as crises que atingirem a sociedade, buscando solidariedade entre seus semelhantes e respeito às diferenças.

Ao iniciar o processo de conhecimento do mundo – *e aqui não se está falando somente em escolaridade*, mas na vida em si, o ser humano tem de assimilar a concepção de que não basta estar no mundo, mas sim estar aberto ao mundo, compreendendo suas finalidades e as necessidades de realizar transformações, estimulando a sociedade a sempre progredir.

Todos do povo, independentemente de idade, sexo, religião, opção de vida ou classe social, necessitam de obter informações sobre a moral, a ética, os costumes, o mundo e as ciências gerais (humanas, exatas e biológicas), sob pena de terem uma existência alienada.

A educação traz ao indivíduo o conhecimento necessário para que possa buscar de forma coerente a justificação para a sua existência.

Diferentemente do que se tem por mais divulgado, educação não engloba somente o acesso à escola, mas sim toda a essência do saber. Tudo aquilo que é assimilado pelo pensamento humano é oriundo da educação. A escola é o campo da educação que irá instruir os indivíduos sobre aquilo que não podem saber sem uma instrução científica adequada.

Assim, para se compreender o alcance do conceito de educação, é preciso o envolvimento do ser humano como um todo, melhor dizendo, nos aspectos físico, psicológico e intelectual.

O ato de educar deve ser compreendido como o ato de formação do ser humano, e não apenas a formação escolar de uma pessoa.

> Não é por coincidência que todas as nações contemporâneas veem na educação um dos alicerces fundamentais de seu corpo social. Cabe à educação criar as condições mínimas que permitirão o pleno desenvolvimento de todos os fatores sociais implicados no desenvolvimento integral da sociedade.
> A compreensão clara das funções da educação, na sociedade contemporânea, é talvez um doa fatos mais originais de nosso tempo. Há um consenso acerca do sentido da educação como instrumento ímpar de afirmação individual e valorização coletiva de todas as classes sociais, sem distinção. (ATIQUE, 2006, p. 190)

Como num jogo em que se observa as regras para poder participar, o cidadão possui o direito de conhecer as instruções sobre a vida, vez que numa sociedade organizada pelo discernimento, se não houver informação, não haverá uma ordem justa, mas sim uma dominação provocada.

Anote-se que uma pessoa que não tenha adquirido nenhuma espécie de educação, está fadada a se tornar um ser incapaz de se expressar na sociedade. Vale dizer, não é possível manifestação de vontade ou opinião sem obter conhecimento.

Todavia, feitas as pertinentes colocações para a reflexão proposta neste momento, importa somente a concepção de educação como direito humano social e base necessária para a realização de outros direitos e garantias fundamentais.

A Constituição e a educação

A Constituição Federal de 1988, ao expressar como fundamental o direito à educação, em seu capítulo III, estabelece que a garantia da educação é dever da família, da sociedade e do Estado, e ao tratar de *educação,* o legislador constituinte está pretendendo uma proteção ao discernimento amplo da vida, assim sendo, uma interpretação pela Constituição útil, é a de que se deve ampliar o leque de aspectos abrangidos no conceito de educação, não mais podendo ser aceita a ideia que se relaciona tão somente à simplista relação entre aluno e escola.

O artigo 205 do texto constitucional informa que a educação deve ser promovida com os objetivos de pleno desenvolvimento da pessoa, seu preparo para o exercício da cidadania e sua qualificação para o trabalho.

Logo, não se pode atribuir tais objetivos tão somente à educação escolar, vez que o pleno desenvolvimento humano necessita de diversas evoluções pessoais, e não apenas da formação acadêmica.

Contudo, o texto constitucional, no capítulo em que trata expressamente do termo *educação*, pode levar os intérpretes de pouco comprometimento social a recepcionarem o direito constitucional à educação como o simples acesso à escola.

Mas basta, para compreender melhor, que se analise o texto constitucional sob outras vertentes, especialmente quando consagra direitos, princípios e intenções fundamentais como, por exemplo, as liberdades, a igualdade, os fundamentos de dignidade da pessoa humana, valorização social do trabalho e da livre iniciativa e cidadania.

Como bem se viu, no próprio capítulo que trata do ensino escolar, o legislador esclareceu, no texto do artigo 205, objetivos que sem sombra de dúvidas estão intimamente ligados aos objetivos da República Federativa ditados pela Constituição Federal.

> Art. 3º Constituem objetivos fundamentais da República Federativa do Brasil:

> I — construir uma sociedade livre, justa e solidária;
> II — garantir o desenvolvimento nacional;
> III — erradicar a pobreza e a marginalização e reduzir as desigualdades sociais e regionais;
> IV — promover o bem de todos, sem preconceitos de origem, raça, sexo, cor, idade e quaisquer outras formas de discriminação.

Vê-se, então, que a Constituição útil é aquela que defende o direito em sua essência, e não apenas na letra seca da norma fundamental. É preciso entender e interpretar a carta política de forma comprometida com as necessidades que a vida impõe ao convívio social.

A educação, sob um ponto de vista socialmente útil, e como elemento indissociável do ser humano, é o grande alimento para que o homem possa obter o pleno desenvolvimento de suas faculdades físicas, mentais e intelectuais. Ela assegura ao indivíduo liberdade e autonomia, dando-lhe ferramentas indispensáveis para a realização de seus objetivos, a fim de que possa prosperar na vida.

O ser humano está sempre se educando, nunca haverá um momento da vida humana em que o saber se encerre. Até porque o propósito da vida é a própria vida, e cabe à educação instruir a pessoa a viver da forma mais próxima possível do seu estado inato de liberdade e felicidade, desde que não interfira no espaço existencial de seus semelhantes.

O jurista deve interpretar o direito desta forma. Toda norma que surgir a respeito de educação, ou algo semelhante, deve ser recepcionada pela concepção útil de educação, pela noção ampla, visando sempre a uma proteção do desenvolvimento existencial da pessoa humana, e não somente de seu intelecto escolar.

A sociedade não está em busca de uma grade escolar, de um currículo acadêmico, mas sim de uma educação que lhe demonstre quais são as regras para se viver em paz na comunidade, de que forma as pessoas devem agir para que as possibilidades de uma melhor qualidade de vida estejam ao alcance de todos.

> A educação é ponto capital na sociedade nova. Educação cívica, no sentido de cada um ver nos outros seres humanos ser igual – o homem que tem direitos a não ser o inferior, em tudo, diante dos outros, a não ter fome e a estar vestido e calçado, a ter onde dormir.
> Contra tal educação, os povos que mais resistem são exatamente os povos mais atrasados – com os seus maltrapilhos, os seus descalços, os seus pedintes de esmolas. Resistem mais os povos de religiões mais autoritárias, mais velhas, mais "remotas". Seja como for, a renovação tem de fazer-se. Educação, no sentido de maior liberdade de pensamento de maior tolerância, de maior desejo de verdade e menor preocupação de fama ou de vaidade. (MIRANDA, 1979, p. 582)

O sistema atual parece estar alienado ao conceito amplo que a Constituição útil traz a respeito de educação, e o Estado adota a conduta de limitar-se à garantir o acesso, ainda que precário, à escola.

Isto não está certo, pois assim como os pais educam o filho para que este possa conduzir sua própria vida, o Estado deve educar as pessoas para a vida em sociedade, informando-os sobre os direitos e garantias fundamentais que envolvem a existência humana.

Veja-se, por exemplo, o tratamento dado pela Constituição Federal às pessoas com deficiência. A norma fundamental, ao dispor sobre direitos e garantias dos portadores de deficiência, não está tão somente ditando normas, mas sim educando a toda a população de que essas pessoas merecem e devem receber toda a estrutura e ações afirmativas que se fizerem necessárias para garantia de seu convívio e integração social.

> No entanto, o mais significativo da atual Constituição é o estabelecimento dos fundamentos do Estado Democrático de Direito: cidadania e dignidade da pessoa humana (art. § 1°, inc. II e III). Esses dois fundamentos representam o que toda pessoa portadora de deficiência almeja: ser cidadão com dignidade. Cidadania é, antes de mais nada, o resultado de uma integração social, de modo que "civilizar" significa, em primeiro lugar, tornar "cidadão".
> [...]
> A cidadania é uma conquista coletiva que depende do empenho de cada um de nós. Ser cidadão é buscar a dignidade da pessoa humana, cumprir deveres e usufruir direitos. (ATIQUE, 2006, p. 192)

Tem-se, então, que os destinatários das normas de inclusão social fixadas no texto constitucional, não são apenas as pessoas portadoras de deficiência, mas sim todos os sujeitos integrantes da massa cidadã. A prática de ações afirmativas de inclusão social está inserida no contexto de cidadania ditado pela chamada educação constitucional.

Além disso, no tocante à educação escolar, a única espécie que recebe guarida do Estado, nem mesmo esta merece elogios no Brasil, vez que é prestada de forma ineficaz, formando pessoas mal informadas e carentes de um modelo educacional decente.

Crianças e adolescentes frequentam uma escola pública que não pode reprová-los de ano, que não possui autonomia educacional, limitando-se a uma lousa, com algumas equações, mapas ou textos, que de nada servirão, vez que aqueles que estão observando o quadro negro não possuem discernimento da importância do que leem, e o professor não possui o mínimo de estímulo para se comprometer com a função social de sua atividade de educador.

Não basta ao Estado garantir o direito de acesso à escola, deve ele principalmente garantir o direito a uma educação efetiva, preparando o cidadão para uma busca responsável de vida.

Um modelo que proíbe a reprovação escolar na rede pública está totalmente em desapego a qualquer princípio ou direito fundamental que esteja em consonância com a formação de um país forte, de uma sociedade bem informada e capaz de viver em justiça e solidariedade.

A educação em sentido amplo está em crise no Brasil. A Constituição útil é ignorada pelos representantes públicos, que se reservam na posição de guardiões da norma fundamental, mas a aplicam somente como um mero documento, cuja efetividade não necessita de qualquer respaldo qualitativo, bastando a mera promoção do mínimo a ser garantido ao ser humano.

Sobre o ensino do direito

Os destinatários e a função do ensino do direito

O direito não se destina somente aos estudantes e profissionais do mundo forense, mas sim a toda a humanidade.

A sociedade é a principal destinatária dos resultados do ensino do direito aos futuros juristas.

Justamente pelo reflexo que o ensino do direito e sua aplicabilidade e eficácia social produzem na vida humana, é que deve haver uma atuação participativa do Estado na educação útil das pessoas, na formação dos indivíduos em sentido amplo.

É como ocorre com a medicina. O interesse de que as universidades formem médicos competentes e comprometidos com a saúde humana é de toda a sociedade, e não somente dos profissionais da medicina.

A função social do ensino do direito é justamente garantir ao direito uma função social.

É o ensino que irá gerar uma concretização, sendo que de nada serve haver uma ideia dogmática de que o direito possui uma destinação de garantir dignidade, se o ensino não levar essa concepção para a sociedade.

Ainda, certamente que a função do direito deve ser buscada cientificamente, vez que se trata de uma ciência. Logo, é preciso sempre uma adequação ao tempo presente, não sendo crível consentir que direitos petrificados ou costumeiramente imutáveis sejam congelados.

O direito está muito além da ideia de positivismo, inclusive, até mesmo o positivismo deve ser aplicado de uma forma útil, com um método coerente. Melhor dizendo, o positivista socialmente comprometido, e sabedor das essências da função do direito, certamente defenderá, sempre, as reformas do sistema.

Seja qual for a corrente que o jurista irá seguir, se faz imperioso que jamais deixe de lembrar quem será o destinatário final da interpretação que for aplicar a uma norma jurídica, vez que a sociedade não precisa mais de mentes que sustentem a intangibilidade, o mantenimento de um modelo que até os dias atuais não obteve resultados positivos.

De nada adianta mudar acessórios de um principal que já não serve mais, se é que um dia serviu concretamente.

> Os aspectos propriamente científicos e filosóficos do Direito, quando não são simplesmente negligenciados, são apresentados ao aluno, via de regra, dentro de um dogmatismo normativista que induz à crença de que o Direito se reduz às leis e que estas devem ser consideradas como algo *dado*, a ser simplesmente interpretado e aplicado. Ignora-se, dessa maneira, o mais importante: que a elaboração teórica do Direito, como de qualquer outra ciência, resulta de um processo de construção e retificação de conceitos; que as

> normas jurídicas, também construídas, decorrem da opção por uma entre várias alternativas permitidas pela formulação teórica; que, tanto na elaboração das teorias como na construção das normas e na aplicação destas à realidade social, há todo um direcionamento ideológico que deve ser permanentemente submetido a crítica; que as leis foram feitas para a sociedade, e não a sociedade para as leis, de modo que a eficácia destas só pode ser medida, em última instância, por sua adequação à realidade social; que, por isso mesmo, as leis, embora devam ser cumpridas durante sua vigência, não podem prescindir de ser submetidas constantemente a questionamentos críticos que as renovem e lhes deem vida. (MARQUES NETO, 2001, p. 128)

A criação que não possa ser submetida a questionamentos, não pode ser recepcionada como científica. O direito é uma ciência. Logo, toda e qualquer base de pensamento jurídico deve ser levada ao extremo da perturbação científica, uma vez que o seu resultado será consequentemente injetado na sociedade.

A crise no ensino do direito

Conforme já se pôde concluir, a educação brasileira não atinge a ideia de formação do ser humano em toda a sua amplitude. Por consequência dessa realidade, o indivíduo tende a chegar no curso superior de direito de forma despreparada para uma assimilação efetiva e social sobre a essência fundamental das disciplinas jurídicas.

Nesta constatação de situação de alienação sobre o conceito amplo de educação, é de se esperar que os profissionais que sairão das escolas de direito serão pessoas de pouca consciência da realidade social, o que acaba por contribuir para o surgimento de uma era de divórcio entre os juristas e a essência do direito.

A crise do ensino do direito no Brasil, é uma crise de identidade, vez que os cursos atualmente ministrados não possuem uma estrutura de adequação à realidade de uma sociedade de complexidade evolutiva.

O direito ensinado nos bancos acadêmicos está ultrapassado, sendo dogmático em sua essência, limitando-se a ensinar o conjunto de normas que forma o ordenamento positivo.

O ensino atual atribui maior relevância ao conteúdo legislativo do que ao direito em si como ciência social, como elemento transformador da história da humanidade.

O pressuposto do modelo atual é assegurar que o aluno conheça bem as leis e os costumes das classe dominantes, visando eventuais gabaritos em exames e concursos públicos.

Pelo sistema de ensino do direito que está em prática, o real aprendizado sobre a ciência do direito fica reservado para aquela pequena parcela que se lança aos cursos de pós-graduação *strictu sensu*, nos quais ocorre o aprendizado sociológico, filosófico e ético da ciência jurídica, sem os quais o profissional torna-se um mero conhecedor de leis, mas jamais um jurista.

Pessoas se formam em universidades sem possuir o mínimo de conteúdo crítico para uma argumentação jurídica, o que acarreta em teses fracas levadas ao Judiciário, que, por consequência, por não ser mais provocado a refletir, acaba por tornar morosa a evolução do direito brasileiro. Surge, então, um lamentável distanciamento entre a prática forense e a reflexão científica do direito.

E com uma concentração tão numerosa de instituições de ensino oferecendo o curso de direito, e um índice de reprovação no Exame da Ordem dos Advogados do Brasil cada vez mais expressivo, o país já ultrapassou a linha do razoável de um momento para se tomar uma providência há muito tempo.

O ensino atual do Direito vem conservando de forma desnecessária as concepções dogmáticas do pensamento jurídico, o que o torna uma ciência ultrapassada e em total alienação com a ideia de *ser* uma ciência.

A ausência de uma escola crítica tende a congelar, alienar os iniciados no direito em relação a possibilidade científica de se atuar em prol de uma sociedade melhor.

Também, e talvez principalmente, nas salas de aula, nos corredores das faculdades, é necessário assumir uma postura mais comprometida com os ideais do Direito, tanto em relação aos professores como em relação às reformas curriculares.

É preciso passar uma noção mais crítica do Direito. Bacharéis saem para exercer a função, a carreira de profissionais do Direito, sem saber utilizar qualquer argumento crítico que fuja ao conteúdo básico das teorias dogmáticas.

O aluno de direito deve receber uma formação de cientista, de investigador, para que posteriormente possa, após adquirir toda a informação necessária no tocante às carreiras e suas funções sociais e científicas, tomar sua decisão de escolha quanto à profissão.

Tal formação acadêmica permite ao profissional uma atuação comprometida com os propósitos de justiça, evitando-se que ocorra o congelamento do direito enquanto ciência social.

O direito não pode ser estudado como um conglomerado de regras e princípios, sob pena de sair do espaço social, de onde não pode sair em hipótese alguma.

Considerando que não há um método especificamente adequado à investigação ou estudo jurídico, é preciso que o ensino do direito municie o futuro jurista de capacidade de fundamentação social, vez que o direito resulta de um trabalho de construção de base teórica, e não de análise legislativas.

A sociedade está sempre tendenciosa a evoluir, e por isso necessita que o direito e a comunidade de juristas acompanhem essa evolução, conheça e aplique a norma de acordo com os novos costumes, as novas necessidades fundamentais das pessoas.

A crise no ensino jurídico, que atinge também a prática profissional, atrai para a sociedade um conflito, um grave problema de colisão entre o direito ensinado nas universidades e as reais expectativas que a sociedade atribui ao direito.

A evolução da ciência do direito depende de uma revolução no ensino, de uma maior preparação dos bacharéis e um maior comprometimento por parte dos professores. Ainda, é preciso uma atualização nos programas dos cursos, acrescentando-se um estudo aprofundado sobre as necessidades humanas e a solidariedade.

> Não será com simples reformas curriculares, mas com a definição de um novo tipo de ensino em consonância com um novo tipo de ciência jurídica dialeticamente integrada à realidade social, que se poderão propor novos objetivos para o ensino do Direito engajado na construção de uma sociedade melhor e mais justa. Só então o ensino jurídico deixará de constituir uma simples e alienada transmissão de conhecimentos, para assumir o caráter de atividade visceralmente ligada à *pesquisa e à extensão*, enriquecendo-as e enriquecendo-se com elas, dentro de um sistema universitário aberto à investigação e à crítica, em que os conhecimentos seja produzidos em comum pelos professores com a participação ativa dos alunos, e em que as atividades interdisciplinares sejam muito mais do que mera justaposição de conhecimentos de áreas diferentes. Lutar para que, mesmo a prazo médio ou longo, o ensino jurídico se renove, rompendo com o seu atual conteúdo dogmático, é uma tarefa que, desde já, se impõe a todos quantos veem no Direito um instrumento de libertação e de justiça social. (MARQUES NETO, 2001, p. 216)

Quanto melhor a qualidade do ensino do direito, mais evoluídas serão as teses jurídicas elaboradas no mercado e, consequentemente, mais efetivo será o direito em relação aos direitos e garantias fundamentais, vez que contará com cientistas mais qualificados.

> A elevação do padrão de escolaridade da população brasileira, incluindo a expansão do Ensino Superior, é uma questão estratégica, tanto para desenvolver a competência nacional em ciência e tecnologia, condição essencial para o desenvolvimento não subordinado, como para assegurar a elevação da qualidade de vida da população e a redução da exclusão social e cultural.
> Hoje, numa sociedade que se propõe justa e desenvolvida, a Educação Superior passa a representar não mais a aspiração ou o privilégio de poucos, mas a etapa inicial do processo contínuo da formação de seus cidadãos. (ATIQUE, 2006, p. 196)

Um país que vise adquirir potencial para o desenvolvimento social, político e econômico necessita de uma educação comprometida desde o início da formação da vida humana até a preparação do cidadão para o mercado de trabalho, de forma que procure inserir no convívio social pessoas seriamente envolvidas com a causa, indivíduos comprometidos com a garantia do bem-estar humano.

A educação profissional, quando prestada de maneira qualificada, envolvendo o problema e as soluções da inclusão social, tende a formar pessoas autossuficientes, fomentando uma nação forte e capaz de reger um cotidiano social livre de qualquer manipulação do Estado.

Democracia

O conceito de democracia esteve presente, seja de forma direta ou indireta, em diversos pontos desta peça científica.

E certamente de todas as mensagens que se transmitiu, a que merece maior destaque é a de que *enquanto não houver um movimento de formação do conhecimento da sociedade em relação aos direitos e garantias fundamentais, não existirá democracia no Brasil.*

Por democrático deve-se entender o Estado que pratica ações efetivas para a concretização da igualdade e das liberdades humanas de forma tendente à garantia do desenvolvimento social do país.

De início, a forma mais efetiva de o Estado exercer uma administração pautada na democracia é utilizando dos recursos orçamentários para a pratica de ações afirmativas de inclusão social, inclusive no tocante à necessidade de levar informação e discernimento sobre direitos e garantias fundamentais à todos da população.

Os recursos que o governo possui para o estabelecimento dos planejamentos orçamentários, por exemplo, devem ser empregados de forma preferencial na concretização da democracia, fazendo da efetivação de direitos humanos a meta prioritária da administração pública. É a ideia da planificação de serviços sociais, como anteriormente se ilustrou por meio da doutrina espanhola.

A sociedade, como destinatária de ordem democrática, espera do Estado, ao menos, um comprometimento com o objetivo fundamental de desenvolvimento nacional, em todos os seguimentos em que a sociedade necessitar da garantia de equidade e liberdade.

Quando o legislador constituinte trata do desenvolvimento nacional como objetivo fundamental da República Federativa, está se referindo justamente à ideia de que de nada adiantará o crescimento do produto interno bruto se não houver uma utilização democrática do crescimento econômico nacional.

> Não se consegue desenvolvimento sem recursos humanos, pois o homem é o agente do desenvolvimento. Por outro lado, não há desenvolvimento se não tiver em mira a melhoria do padrão de vida das populações. Haverá, no máximo, crescimento econômico, em benefício de minorias privilegiadas. O homem é, pois, o agente, o objeto e o beneficiário do desenvolvimento. De nada adianta um crescimento do Produto Interno Bruto da ordem de 7% ou de 11%, se os resultados não se disseminarem horizontalmente por toda a população, ou seja, se não se acompanhar de *mudanças sociais*. A maximização do produto nacional só interessa como instrumento de otimização das condições de vida. (TORLONI, 1987, p. 144)

A noção de igualdade deve vir de cima para baixo. Melhor dizendo, a partir do momento em que o Estado esclarece, em sua conduta de gestor das garantias fundamentais, que o desenvolvimento nacional será a justa distribuição do orçamento público, dando-se preferência para a efetivação de oportunidades aos menos favorecidos na iniciativa privada e de maior discernimento a todos do povo, é consequência natural que as pessoas da sociedade passem a adquirir o mesmo pensamento inclusivo.

> Tudo leva a pensar-se que o processo já tem, em si mesmo, vinda dos últimos três séculos, a solução.
> O que os povos democráticos ou em que o Estado é democrático e liberal têm de fazer, como fim principal, é diminuir a desigualdade humana. Os Homens são desiguais, mas é preciso que, em vez de continuar ou aumentar a desigualdade, se façam menos desiguais. Têm de ser preparados e educados, alimentados e vestidos, e terem casa, de modo que possam produzir mais, concorram para a melhor sorte comum, a maior colaboração social e a menor criminalidade. (MIRANDA, 1979, p. 607)

Essa é a carência que sofre a civilização atual. Não há um Estado que represente esta figura de democracia, fazendo com que as pessoas do povo limitem seus próprios conceitos sobre democracia ao direito de voto, o qual, inclusive, contrariando a ideia real do que significa sistema democrático, é aplicado como um dever, uma obrigação do cidadão. E como já se disse anteriormente, numa democracia jamais o voto poderia ser obrigatório.

Para que seja estabelecido um modelo de país pautado na democracia, a mensagem que o Estado deve pregar ao povo é a de respeito e solidariedade ao próximo como a si mesmo.

> Por outro lado, sendo a liberdade e a igualdade os valores fundamentais da Democracia, cada cidadão deve ser, ao mesmo tempo, zeloso da própria liberdade, respeitoso da liberdade alheia, zeloso da própria igualdade em face dos demais cidadãos, inimigo de todo o privilégio, mesmo para si próprio. É, pois, do espírito democrático que cada um seja tratado como todos os outros, o que repele particularmente os privilégios de nascimento, raça, cor, sexo e condição social, como é desse mesmo espírito que cada um possa fazer tudo o que as leis permitem, mas só faça se não trouxer com isso prejuízo para a comunidade ou para outro homem em particular. Todos devem ser ciosos de seus direitos e estar prontos a lutar por eles, mas cada um deve estar consciente da responsabilidade social pelo uso de um direito. (FERREIRA FILHO, 1978, p. 54)

E é justamente neste sentido que tanto se deve defender a educação em sentido amplo, rumo à democracia, ou seja, o Estado deve agir de forma a levar as pessoas do povo a serem educadas de forma moral, intelectual e comportamental.

Fala-se em uma educação para a democracia, pela qual ocorrerá a formação da sociedade para os valores da República e do Estado Democrático, visando uma adaptação do ser humano à eventuais situações de tomada de decisões políticas, em qualquer nível que seja.

A educação deve pretender a formação de uma sociedade verdadeiramente democrática, onde, muito embora ninguém nasça governante ou governado, deve-se presumir que todos podem vir a ser um dia. E todos têm o direito de receberem as condições necessárias para pretenderem ser um governante, formando-se, assim, uma sociedade de pessoas preparadas para dialogar com o Estado.

> E só dentro das condições sociais concretas de um socialismo democrático, em que a liberdade e igualdade sejam muito mais do que vãs palavras para encobrir a dominação exercida pelos detentores do poder econômico, social e político, é que se pode verdadeiramente falar de justiça social. Só quando a sociedade conquista suficiente autonomia para se autodirigir, é que o Direito produzido pelo Estado pode consagrar os valores dominantes na sociedade, e não em determinadas elites de privilegiados. Enfim, é só em tais condições que se pode colocar eficazmente o conceito de *Estado de Direito*, que vai muito além de uma ambígua e ilusória *autolimitação do Estado pelo Direito*, porque traduz um reconhecimento dos direitos consagrados pelo povo, conhecidos através da construção teórica da ciência jurídica e submetidos ao crivo da Filosofia do Direito. É assim que o Direito pode escapar do peso de um dogmatismo milenar e comprometer-se, juntamente com as outras ciências sociais, com a marcha da História, para a construção de um mundo mais livre, mais justo, mais humano e, por isso mesmo, mais feliz. (MARQUES NETO, 2001, p. 208)

O direito precisa de um Estado menos conservador em relação ao dogmatismo, mais ativo no tocante à proliferação de conhecimento e discernimento social e participativo na opinião popular em relação às questões políticas fundamentais, especialmente quando se tratar de ações para inclusão social.

A criação de um sistema educacional voltado para a democracia tende a aguçar a capacidade evolutiva do ser humano, possibilitando uma maior resistência aos abusos e dominações.

A EDUCAÇÃO COMO FONTE DE DISCERNIMENTO E EVOLUÇÃO DOS TRABALHADORES - UMA RESISTÊNCIA AO ESTADO CONTROLADOR

Discernimento e integração social

A pretensão das abordagens anteriores, no tocante à educação, ensino do direito e democracia, era chegar de forma coerente ao presente capítulo.

A educação em sentido amplo é uma formadora de opiniões e costumes. E para que a Constituição Federal de 1988 possa ser considerada como formadora de um Estado Democrático de Direito, é preciso que o prévio conhecimento sobre os direitos e garantias fundamentais esteja inserido na educação de todos do povo.

Apesar dos anos de vigência do texto ápice do ordenamento jurídico, os direitos sociais ainda não conseguiram se concretizar plenamente. E isto se dá pela ausência de uma integração social no Brasil.

Tem de haver no mundo jurídico brasileiro uma preocupação por parte do Estado e da própria população na garantia de uma educação que estimule o valor das conquistas humanas com relação aos direitos sociais e ao alcance de uma dignidade constitucional.

Cabe ao Estado estabelecer nacionalmente a ideia de integração social, visando a unificação da sociedade, o desenvolvimento da solidariedade e a supressão das barreiras sociais.

Quando se fala em discernimento ao povo em prol da democracia, o objetivo é estabelecer uma revolução educacional, permitindo a todo e qualquer cidadão o contato com os seus direitos fundamentais básicos, para que possa desenvolver sua própria autoproteção fundamental.

> É dever e direito do Estado exigir que toda escola ensine a seus alunos as virtudes essenciais à vida democrática. Isso não significa apenas que exista uma disciplina nos currículos onde se ministre a chamada Educação Moral e Cívica. Reclama também que todo o ensino, que todas as disciplinas e todos os atos da vida escolar se orientem pelos valores democráticos. (FERREIRA FILHO, 1987, p. 55)

O conhecimento é um instrumento de perturbação científica, e a partir do momento em que a sociedade obtiver as básicas noções que necessita para entender melhor quais são as reais obrigações de todos os indivíduos e também do Estado, a integração social ocorrerá de modo natural, pela mudança de comportamento que irá acontecer nas relações humanas, o que, consequentemente, levará o governo a obrigatoriamente se comprometer, sob pena de ser derrubado pela sociedade bem informada.

A realização de integração social por meio do discernimento humano, tende a aguçar a participação política da sociedade, que passará a fomentar um conjunto de pessoas capazes de discutir e intervirem na política nacional.

> Assim, o Estado deve zelar para que a educação forneça a todos o mínimo de maturidade e conhecimento que os habilite a participar, ainda que nos graus inferiores, da vida política e governamental. Deve estimular os partidos, assim como ele próprio deve fazê-lo, a propiciar aos candidatos e a todos que almejam participação em grau mais elevado o conhecimento das instituições e dos problemas que lhes permitam a tomada de decisões esclarecidas e racionais. Pode mesmo o Estado democrático condicionar essa participação a esse aperfeiçoamento. Igualmente deve o Estado exigir que os eleitos, antes de assumirem seus cargos e funções, atualizem e aprofundem seus conhecimentos sobre a problemática nacional. (FERREIRA FILHO, 1987, p. 56)

Um dos grandes obstáculos para a realização de integração social, é a incapacidade dos governantes em interpretarem as reais aspirações da sociedade, ou, quando conseguem identificá-las, a falta de esforços para concretizá-las.

E agem dessa forma por saberem que as pessoas do povo não estão habilitadas intelectualmente para uma discussão política ou jurídica, o que transforma o executivo e o judiciário em órgãos ineficazes, tudo devido ao comodismo que é provocado pela falta de perturbação.

Mas a sociedade pode mudar este cenário, desde que o Estado passe a, ao menos, efetivar uma maior informação ao povo sobre seus direitos e garantias fundamentais, e sobre a possibilidade dos cidadãos participarem da administração pública, assim como o dever do governo em ouvi-los.

A maior aspiração coletiva da sociedade é a inclusão social. As pessoas, de um modo geral, possuem um desejo inato de resolverem seus problemas, sem a necessidade de um Estado-pai, bastando que os dirigentes nacionais se comprometam a preencherem as lacunas que o discernimento não puder preencher.

> Incumbe aos dirigentes da Nação, aos mandatários do povo, às elites culturais e políticas a delicada e nobilitante missão de interpretarem com fidelidade os ideais coletivos, que brotam das raízes histórico-culturais da nacionalidade, e com os quais precisam estar permanentemente sintonizados. Não só captá-los e interpretá-los, como dedicarem-se, com incansável emprenho, à sua realização. Compete-lhes, até mesmo, como autênticos sismógrafos da consciência nacional, prenunciar sua manifestação, numa prova de identificação perfeita, de origens e de fins, com a sociedade que representam. Sua incapacidade de interpretá-los, prevê-los e satisfazê-los constitui a causa frequente de irromperem as aspirações insatisfeitas em explosões de violência coletiva, ou, em sentido contrário, de tentarem os governantes sopitar e conter os anseios coletivos através de me-

> didas de força e, até mesmo, institucionalizar a violência, seja política, econômica, cultural ou social. (TORLONI, 1987, p. 31)

O Direito é uma ciência que obriga as pessoas a observarem determinadas regras. Logo, para que se estabeleça uma democracia, o indivíduo necessita de discernimento social para que possa entender porque, e em que condições, está se submetendo às obrigações ditadas pela ordem jurídica e social.

A educação social e as relações de trabalho

Tanto já se falou nestas linhas sobre as relações de trabalho. A origem do protecionismo jurídico; o impacto humano sobre o sistema capitalista; a necessidade de uma flexibilização dos direitos fundamentais em prol da evolução humana; a busca de uma Constituição útil, por meio de uma supremacia razoável - *ao invés de absoluta* - e a garantia, pelo Estado, do máximo essencial possível - *e não do mínimo essencial*; enfim, diversas reflexões que justificam o momento atual e a necessidade de uma mudança na educação social em sentido amplo.

É preciso que o Estado atue de forma a proporcionar um convívio social seguro para que as pessoas possam atuar de maneira autônoma e civilizada, e não que mantenha o trabalhador assalariado acuado, inseguro em relação à sua própria autodefesa, injetando em suas concepções de vida a ideia de que sem o protecionismo do governo não é possível relacionar-se com os empregadores.

O trabalhador deve ser dotado de conhecimento suficiente para que possa se defender nas relações de trabalho, para que entenda o valor de seus próprios direitos fundamentais, e seja condicionado a uma conduta de flexibilizar esses direitos quando considerar que lhe for mais favorável.

Essa é a ideia que este trabalho científico está defendendo: o Estado deve aplicar-se a promover o devido ensino amplo para a formação do ser humano de um modo geral. A pessoa necessita ter contato com a noção de direitos e garantias fundamentais independentemente daquilo que for escolher para sua vida profissional.

Para a promoção de uma integração social, não basta o governo proceder com o efetivo ensino do direito nas universidades, vez que os principais destinatários dos direitos sociais, a sociedade, também necessita de receber, ao menos, os conceitos básicos em torno da Constituição, direitos e garantias fundamentais e solidariedade.

Quando a população se desenvolver com pleno discernimento em relação às suas garantias constitucionais, as relações privadas irão evoluir e o Estado não terá mais de intervir de forma protecionista, pois o ser humano terá maior consciência de suas atitudes.

A sociedade necessita de conquistar sua forma própria e legítima de coexistir, prestigiando um modelo social que prime pela vida coletiva de forma livre, justa e solidária.

O trabalhador, no momento histórico atual, necessita de muito mais do que um alienante sistema protecionista de "direitos".

Repita-se, a sociedade não quer mais esse sistema que venha a formar trabalhadores que sejam seduzidos pela tentação da segurança trazida pelo manto acolhedor do Estado, até porque, sabe-se que a consequência deste cenário é o congelamento da evolução da autonomia e autoproteção do sujeito, o que acarreta no não desenvolvimento das relações privadas.

Nisso é possível afirmar que não apenas no sistema de educação geral, mas também no ensino específico do direito, em especial na formação de juristas do direito do trabalho, é preciso conscientizar os cientistas jurídicos que a sociedade atual necessita de experiências, de atitudes em que o direito demonstre uma capacidade de relativização em determinados casos. Tal conduta tende a influenciar a educação em sentido amplo, a formação de opiniões e o incentivo do discernimento social pelos trabalhadores.

O direito é uma ciência e deve ser tratado como tal, sob pena de perder sua justificação. Uma ciência não pode se conduzir de forma a diminuir o potencial das pessoas, mas sim, deve submeter-se a perturbações e experiências, sempre visando prestigiar no progresso das relações humanas, e em especial, nas relações de trabalho, possibilitando aos assalariado uma maior capacidade e vontade de autonomamente se impor na sociedade.

Os trabalhadores não estão mais traumatizados pelos abusos históricos. A massa assalariada necessita de um direito mais evoluído, de um Estado menos acomodado e mais comprometido com a ideia de desenvolvimento nacional, cujo conceito já foi devidamente passado no capítulo anterior.

Além disso, o Brasil necessita de parar com essa tendência política de sempre estar copiando modelos de outras economias, vez que cada Estado possui uma realidade distinta, com necessidades, costumes, culturas, enfim peculiaridades específicas de cada civilização.

É preciso olhar para o povo brasileiro, sem as demagogias protecionistas, que alienam o ímpeto humano de autoevolução, e estabelecer, de uma vez, um modelo que venha a inspirar as pessoas a evoluírem, um sistema de educação em sentido amplo que vise a mais legítima integração social possível.

O sentimento Estatal de medo pelas cobranças que virão se a sociedade passar a se formar por pessoas mais bem informadas, é movido pela representatividade política de pessoas fracas de espírito, que não servem para o país, e que tendem a conduzir um sistema mascarado de proteção, que na verdade nada mais é do que um modelo controlador e comodista.

> No plano político, assim como no social e no econômico, não há fórmula infalível e externa que estabeleça *a ordem para o progresso* ou que mantenha *o progresso na ordem*. Cada nação tem de encontrar o seu caminho, de acordo com suas tradições, de acordo com o caráter de seu povo, segundo o nível deste, segundo as condições do momento. Não resta dúvida, porém, que tudo recomenda a Democracia. Ela está no sentido da Evolução, como apontou Teilhard de Chardin. Ela marcha lado a lado com o reconhecimento entre os povos de que todos os homens têm igual natureza, que todos os homens são igualmente livres, que, assim, o poder há de repousar no consentimento de todos, para ser legítimo.
> A Democracia, contudo, não se resume num quadro institucional rígido, universalmente válido, para todas as épocas e para todos os povos. Ao contrário, ela pode e deve ser ajustada para cada caso, para cada nação, para cada tempo. É preciso cuidar cada povo de encontrar sua democracia possível, que concilie a ordem com o progresso. Essa é a tarefa política magna: *A democracia possível para o Progresso na Ordem*. (FERREIRA FILHO, 1987, p. 129)

Em decorrência da falta de discernimento sobre os direitos sociais, os trabalhadores brasileiros ainda não podem ser cobrados com relação à identificação da democracia brasileira, porém, já é possível conduzir a formação de pessoas que venham a ingressar num convívio social e de trabalho de forma mais efetiva em relação à uma maior integração social.

A busca sobre a qual a sociedade deve debruçar seus esforços, é por um momento histórico em que seja possível flexibilizar, experimentar e funcionar a autonomia do ser humano. E neste momento o Estado controlador será cobrado, não terá meios de responder com efetividade, e perecerá diante de uma sociedade efetivamente informada e consciente de seus direitos e garantias. É essa a razão para o Estado não promover o discernimento dos trabalhadores, porque teme pela cobrança que sofrerá por não garantir efetivamente quase que nenhuma das necessidades humanas fundamentais.

O ser humano é um explorador social por excelência, vez que é um ser dotado de capacidade de discernimento. Não se pode assentir que essa característica diferenciadora dos demais seres vivos, tenha sido concedida à humanidade sem o propósito de estabelecimento de uma vida pautada no bem comum, na solidariedade.

O trabalhador precisa, sim, de uma proteção. Mas isso não significa dizer que ele tenha deixado de ser um ser pensante e consciente. Logo, cabe ao Estado, ao invés de aplicar sua proteção alienante, fornecer ao operário conhecimento, discernimento sobre seus direitos e garantias e, principalmente, sobre os deveres que o governo possui para com a sociedade.

A sociedade possui problemas sérios. As pessoas estão passando por sérios problemas, e por isso precisamos de pessoas sérias para resolvê-los.

CONCLUSÕES

Considerando que o presente trabalho se deu por meio de diversas reflexões em torno de um mesmo objetivo, porém sob distintos aspectos, se faz necessária, visando o estabelecimento de uma harmonia entre os tópicos abordados, a apresentação das principais conclusões que resultaram dos ensaios científicos expostos.

Sem a presença do Estado não há uma sociedade plenamente organizada. Isto é certo para todas as nações mundiais.

O que diferencia uma sociedade da outra, com relação ao Estado, é quanto à necessidade interventiva que cada país possui ou não com relação à participação do governo nas relações privadas.

Alguns países são dotados de um sentimento nacional ou constitucional tão latente que transmitem ao povo um comprometimento natural com os valores sociais. E essa é a maior carência vivida pelo povo brasileiro, razão pela qual o legislador constituinte procurou consagrar expressamente todos os direitos fundamentais possíveis.

Em nações como a brasileira, a participação estatal é imprescindível para o mantenimento da ordem social e do desenvolvimento nacional. Mas essa dependência que o país possui em relação ao Estado não é sadia, pois submete o indivíduo autossuficiente a uma condição de diminuição de sua capacidade humana, sempre aguardando que o ente público lhe garanta o mínimo para a vida, quando o próprio cidadão deveria buscar o máximo essencial possível.

Assim, a imprescindibilidade do Estado também está presente no dever que o governo possui de estimular a evolução individual do ser humano, independentemente da guarda estatal.

Buscar a evolução é pretender conquistar uma forma própria e legítima de existir, de caminhar por algo que nos é pretendido e que não interfere na liberdade de outrem; é prestigiar uma forma de vida que possibilite que todos vivam em bem-estar social.

Fenômenos históricos que atingiram a economia mundial, como a globalização e a abertura comercial, acarretaram uma brusca alteração no ritmo da economia de mercado brasileira, o que trouxe uma necessária preocupação do legislador em resguardar ainda mais os direitos dos trabalhadores e a ordem econômica nacional.

Princípios como a valorização social do trabalho e a livre iniciativa surgem de forma expressa em 1988, e passam a formar a base do protecionismo social.

Porém, é preciso evitar que a tendência protecionista acarrete a uma interpretação de que os trabalhadores empregadores sejam carrascos dos direitos sociais dos trabalhadores empregados. Que a proteção maior ao empregado se faz justificada, isso não há como questionar, mas também deve o trabalho dos empresários receber uma valorização social, vez que movimentam consideravelmente a economia e geram empregos e oportunidades.

Cabe ao Estado conscientizar os empregadores quanto às consequências de um mercado sem trabalhadores assalariados, vez que o crescimento das terceirizações e das contratações de profissionais liberais pode acarretar sérios problemas para o desenvolvimento social do país.

Os trabalhadores brasileiros, sejam empregados, empresários, empregadores ou informais, necessitam de um maior discernimento sobre a econômica mundial e nacional, visando a uma integração social de massa, ao estabelecimento de uma luta por um bem comum: um mercado de trabalho justo.

Justamente visando a promoção da solidariedade entre os trabalhadores é que se fala em eficácia horizontal dos direitos sociais, e possibilidade de sua flexibilização.

O cidadão possui o direito à proteção, enquanto que o Estado tem o dever de proteger. Isto é certo. Mas a eficácia dos direitos e garantias fundamentais não se encerra neste parâmetro.

Pela teoria da eficácia horizontal dos direitos fundamentais, o cidadão, como um particular, possui também o dever de respeitar, ou até mesmo de proteger, os direitos e garantias fundamentais próprios e alheios.

A sociedade necessita de proteção fundamental não só em sua relação com o Estado, mas também no convívio privado.

Mas, considerando que as relações humanas devem ser assistidas pelo Estado de maneira que este sempre incentive a evolução da vida privada, os direitos fundamentais tornam-se, obrigatoriamente, flexíveis, pois pessoas podem relativizar as garantias essenciais na medida em que esta prática lhes traga uma condição mais benéfica, sem que resulte em violação das liberdades de terceiros.

E esse exercício de estimulo à autonomia humana faz com que o protecionismo exacerbado sôbre os trabalhadores tenha de ser reelaborado, não de forma a extinguir-se, mas de flexibilizar se. Quanto mais o ser humano é visto e tratado como frágil, mais frágil ele se sente, e tal circunstância promove uma diminuição das capacidades do indivíduo.

Assim, por mais que os direitos fundamentais não devam ser ignorados, nas relações privadas, quando se tratar de direitos sociais, deve-se parar de tratá-los como valores tão absolutos, para se falar em busca de uma *supremacia razoável* da Constituição.

Baseando-se em critérios de aceitabilidade popular e razoabilidade, é plenamente possível a relativização dos direitos e garantias fundamentais. É a flexibilização diante das relações privadas.

O jurista, quando for aplicar um direito à sociedade, seja petrificado ou não, deve manuseá-lo sempre como uma regra passível de questionamentos e flexibilização.

A relativização dos direitos fundamentais eleva a Constituição escrita à uma condição de Constituição útil, que pressupõe a formação de uma sociedade pautada na efetividade dos direitos e garantias fundamentais, independentemente de regras de petrificação, irrenunciabilidade ou qualquer outra restrição. O que deve ser buscado é a promoção do bem-estar social, mesmo que para isso seja necessária a relativização de cláusulas pétreas. É a consagração do texto fundamental como uma Constituição útil.

Uma pessoa, quando bem informada, não pode pretender justificar erros ou pleitos alegando ignorância. A ignorância protege as pessoas fracas de espírito, e serve como álibi daqueles que se acomodam com o sistema controlador.

A sociedade brasileira está passando por um momento de alienação do discernimento social, o que a impossibilita de cobrar do Estado de forma fundamentada a concretude de seus direitos.

O protecionismo exacerbado é uma máscara que esconde a consequência de congelamento do conhecimento humano.

Por mais que a proteção dos trabalhadores seja necessária, o Estado deve, antes de tudo, informar as pessoas sobre o que está sendo protegido, e qual o alcance e razão dessa proteção. Se assim não ocorrer, o direito não irá evoluir, e a sociedade inconscientemente sofrerá o perecimento de suas próprias vontades diante dos abusos de um sistema controlador.

Tudo leva a crer que o Estado não informa as pessoas sobre seus direitos, porque não lhe convém informá-las, é arriscado demais. Os cidadãos com o devido discernimento social irão cobrar do governo uma resposta sobre a não concretização de milhares de garantias humanas, e o ente público simplesmente não terá uma resposta justificável para a sociedade, não mais estará na cômoda situação de controlador das relações humanas, pois passará a ser cobrado por uma rígida pressão popular, e terá de responder a perguntas e prestar contas sobre direitos sociais que jamais se esforçou em garanti-los.

Não há democracia no Brasil enquanto as pessoas não forem informadas sobre seus direitos, não receberem o devido discernimento social, falar em existência de democracia neste país será mera demagogia.

Mundialmente a humanidade assiste a protestos humanistas com o propósito único e comum de diminuição da miséria e da violência no mundo.

Porém, espantosamente as grandes potências mundiais parecem não sofrerem qualquer impacto sobre as vozes protestantes da humanidade.

O momento para que o Estado incentive o ser humano a cuidar do convívio social, já ficou no passado, mas ainda é possível salvar a integração social.

As pessoas necessitam de entender, e o Estado deve assimilar, que os direitos e garantias fundamentais aí estão, mas de nada servirão se a sociedade não pretender uma evolução. A flexibilização é possível e necessária desde o direito à vida até qualquer outro direito fundamental

Trata-se da valorização do princípio da autonomia privada. Cada pessoa deve possuir liberdade e soberania para gerir seus próprios interesses de vida. A autodeterminação, sendo exercida por uma pessoa dotada de discernimento social, tende a provocar uma evolução natural nas relações privadas, gerando, assim, uma renovação de valores humanos e sociais.

A educação, como direito fundamental, engloba não somente o acesso à escola, mas sim a formação em sentido amplo do ser humano, a fonte do discernimento do indivíduo. O ato de educar envolve desde o mínimo trazido pela trajetória das relações humanas, até o mais alto grau de intelecto científico.

Como instrumento para a evolução das relações privadas, a educação deve levar ao ser humano o conhecimento prévio sobre direitos e garantias fundamentais, a fim de que forme uma sociedade capaz de produzir um diálogo reivindicatório e bem fundamentado com os governantes da nação.

Não basta ao Estado garantir o ensino, deve o ente público garantir a formação científica e social das pessoas.

Tal dever coexiste em relação às universidades de direito, que atualmente apegam-se ao dogmatismo e congelam a capacidade de perturbação que o jurista deve sempre desenvolver.

O conservadorismo é um mal para a ciência do direito, e deve ser banido das redes de ensino. O ensino do direito deve estar presente na coletividade, e não somente nas universidades, visando à formação de uma opinião popular de cunho mais efetivo e consciente.

Trata-se de um sistema de educação para a democracia.

Um sistema educacional voltado para a democracia tende a aguçar a capacidade evolutiva do ser humano, possibilitando uma maior resistência aos abusos e dominações.

O indivíduo deve ter a capacidade de medir suas condições e necessidades de forma que, deparando-se com outros semelhantes, prefira sempre à solução mais benéfica para ambas as partes, e não aquela que lhe trouxer uma maior satisfação material.

A educação democrática é aquela que além de informar ao cidadão o que o Direito obriga, também irá esclarecer porque e até em que ponto o indivíduo deve se sentir obrigado a alguma coisa, evitando-se, assim, as ações controladoras de um Estado manipulador.

Visando unificar a sociedade para o desenvolvimento da solidariedade e a supressão das barreiras sociais, o Estado precisa estabelecer nacionalmente um modelo educacional de integração social pelos direitos fundamentais da pessoa humana.

A todo e qualquer cidadão deve ser assegurado o contato e aprendizado sobre os direitos e garantias fundamentais, possibilitando que a pessoa desenvolva sua própria autoproteção.

A sociedade possui potencial suficiente para, por meio da promoção do discernimento social, fomentar um conjunto de pessoas capazes de discutir e intervirem na política nacional. Logo, cabe ao Estado a promoção do ensino em sentido amplo para a formação do ser humano em potencial.

Os trabalhadores, como principais destinatários dos direitos sociais, necessitam de um modelo mais coerente e efetivo do que um alienante sistema protecionista.

A sociedade pretende a conquista de uma massa de trabalhadores que possam prestigiar o progresso das relações humanas e, em especial, das relações de trabalho, possibilitando aos assalariados uma maior capacidade e vontade de autonomamente se imporem na sociedade.

Deve o Estado, ao invés de aplicar-se aos excessos protecionistas, fornecer ao operário conhecimento, discernimento sobre seus direitos e garantias e, principalmente, sobre os deveres que o governo possui para com a sociedade.

Educando socialmente as pessoas, desde o início da vida, a sociedade estará caminhando de encontro à formação inevitável de indivíduos imunes às manipulações.

Aos trabalhadores, para a formação de um mercado de trabalho moderno e desenvolvido, deve ser promovido o saber social, a noção exata de por que, como e de que forma o Direito existe e deve ser aplicado.

É plenamente possível visualizar essa sociedade. Não é utópico dizer que o ser humano possui a capacidade de transformar o Mundo, e por isso, basta que essa capacidade seja revertida em prol da evolução das relações humanas.

O longo caminho para a conquista do estado inato de felicidade está na assimilação e prática sincera do contexto de solidariedade. Basta que a sociedade se renove com novas e reais intenções de transformar a busca por uma sociedade livre, justa e solidária, em um objetivo comum a todos da população.

Basta que o sentimento humano mude.

REFERÊNCIAS

ABRANTES, J. J. *Contrato de trabalho e direitos fundamentais*. Coimbra: Coimbra, 2005.

ALVES, A. C. et al. *Direito, Sociedade e Economia:* Leituras Marxistas. São Paulo: Manole, 2005.

ATIQUE, A. L. V.; RODOLPHO, R. M. Ensino superior e a pessoa portadora de deficiência: deveres das instituições de ensino. In: ARAÚJO, L. A. D.; RAGAZZI, J. L. (Org.). *A proteção da pessoa portadora de deficiência:* um instrumento de cidadania. Bauru: Edite, 2006.

ARRUDA, K. M. *Direito Constitucional do Trabalho.* Sua eficácia e o impacto do modelo neoliberal. São Paulo: LTr, 1998.

BARROSO, L. R. *O direito constitucional e a efetividade de suas normas.* 4. ed. Rio de Janeiro: Renovar, 2000.

BONAVIDES, P. *Do Estado liberal ao Estado social.* 6. ed. São Paulo: Malheiros, 1996.

BRACHO, C. A.; SERRANO, M. G. *Fundamentos de bienestar social.* Valencia: Tirant lo Blanch, 1999.

CARNELUTTI, F. *Arte do direito.* Trad. Hebe A. M. Caletti Marenco. Campinas: Edicamp, 2003.

CLÈVE, C. M. *Atividade legislativa do Poder Executivo.* 2. ed. São Paulo: Revista dos Tribunais, 2000.

DOBROWALSKI, S. C. *A Justificação do Direito e sua Adequação.* Porto Alegre: Livraria do Advogado, 2002.

FERREIRA FILHO, M. G. *A democracia possível.* 4. ed. São Paulo: Saraiva, 1978.

FREITAS, R. R. *A proteção constitucional do trabalhador.* Dissertação (Mestrado) – Centro de Pós-Graduação, Instituição Toledo de Ensino, Bauru, SP, 2003.

GARCIA, M. *Desobediência civil.* 2. ed. São Paulo: Revista dos Tribunais, 2004.

GONÇALVES, R. M. V. *Direito Constitucional do Trabalho. Aspectos controversos da automação.* Porto Alegre: Livraria do Advogado, 2003.

LASSALLE, F. *A essência da Constituição.* 6. ed. Rio de Janeiro: Lumen Juris, 2004.

LUHMANN, N. *Sociologia do direito I.* Rio de Janeiro: Tempo Brasileiro, 1983.

MARQUES NETO, A. R. *A ciência do direito:* conceito, objeto, método. 2. ed. Rio de Janeiro: Renovar, 2001.

MARX, K. *Para a Crítica da Economia Política.* Do Capital. O Rendimento e suas Fontes. Trad. Edgard Malagodi. São Paulo: Nova Cultura, 1999.

MILL, J. S. *Sobre a liberdade.* Petrópolis: Vozes, 1991.

MIRANDA, F. P. *Democracia, liberdade e igualdade*: os três caminhos. 2. ed. São Paulo: Saraiva, 1979.

NASCIMENTO, A. M. *Iniciação ao direito do trabalho.* 26. ed. São Paulo: LTr, 2000.

______. *Compêndio de direito sindical.* 5. ed. São Paulo: LTr, 2008.

ORTEGA, J. G.; MANTINEZ, J. M. R.; FRANCO, T. S. *Curso de Derecho del Trabajo.* 3. ed. Valencia: Tirant lo Blanch, 1994.

SILVA, V. A. *A constitucionalização do direito.* Os direitos fundamentais nas relações entre particulares. São Paulo: Malheiros, 2005.

SILVA, J. A. *Curso de Direito Constitucional Positivo.* 28. ed. São Paulo: Malheiros, 2007.

STEINMETZ, W. *A vinculação dos particulares a direitos fundamentais*. São Paulo: Malheiros, 2004.

STRECK, L. L. *Verdade e consenso.* Constituição, hermenêutica e teorias discursivas. Rio de Janeiro: Lumen Juris, 2006.

TORLONI, H. *Estudo de problemas brasileiros*. 19. ed. São Paulo: Pioneira, 1987.

VALE, A. R. *Eficácia dos direitos fundamentais nas relações privadas*. Porto Alegre: Sergio Antonio Fabris Editor, 2004.

VERDÚ, L. P. *O sentimento constitucional:* aproximação ao estudo do sentir constitucional como de integração política. Trad. Agossiz Almeida Filho. Rio de Janeiro: Forense, 2004.

Documentos eletrônicos

BBCBrasil.com. *Paciente italiano morre após médico desligar aparelho.* Brasília, 21 dez. 2006. Disponível em: http://www.bbc.co.uk/portuguese/noticias/story/2006/12/printable/061221_italiaeutanasiadt.shtml. Acesso em: 8 set. 2008.

CONSELHO Federal de Medicina. Disponível em: www.cfm.org.br.

Porto
de Idéias
EDITORA

www.portodeideias.com.br